T0198550

Sammlung Metzler
Band 1

Paul Raabe

Einführung in die Bücherkunde zur deutschen Literaturwissenschaft

*Mit 14 Tabellen
im Anhang*

11., völlig neubearbeitete Auflage

Verlag J. B. Metzler
Stuttgart · Weimar

Meinen verstorbenen Lehrern
Adolf Beck, Ulrich Pretzel, Hans Pyritz

1. Auflage (1.- 3. Tsd.) April 1961
2. Auflage (4.- 8. Tsd.) August 1961
3. Auflage (9.-13. Tsd.) Nov. 1962
4. Auflage (14.-19. Tsd.) Juni 1964
5. Auflage (20.-32. Tsd.) Juli 1966
6. Auflage (33.-42. Tsd.) Mai 1969
7. Auflage (43.-52. Tsd.) Okt. 1971
8. Auflage (53.-62. Tsd.) Febr. 1975
9. Auflage (63.-72. Tsd.) April 1980
10. Auflage (73.-94. Tsd.) Mai 1984
11. Auflage (95.-99. Tsd.) Mai 1994

Die Deutsche Bibliothek – CIP-Einheitsaufnahme

Raabe, Paul:
Einführung in die Bücherkunde zur deutschen
Literaturwissenschaft :
mit 14 Tabellen im Anhang / Paul Raabe.
– 11., völlig neubearb. Aufl.
– Stuttgart ; Weimar : Metzler, 1994
(Sammlung Metzler ; Bd 1)
ISBN 978-3-476-11001-5

NE: GT

SM 1
ISSN 0058-3667
ISBN 978-3-476-11001-5
ISBN 978-3-476-04038-1 (eBook)
DOI 10.1007/978-3-476-04038-1

© Springer-Verlag GmbH Deutschland
Ursprünglich erschienen bei J.B. Metzlersche Verlagsbuchhandlung
und Carl Ernst Poeschel Verlag GmbH in Stuttgart 1994

EIN VERLAG DER *SPEKTRUM FACHVERLAGE GMBH*

Inhalt

---

* Untergliederung wie im darstellenden Teil. I.–IV.

Vorwort

Diese Einführung in die Bücherkunde zur deutschen Literaturwissenschaft hat sich seit vielen Jahren als erste bibliographische Orientierung bewährt und vielen Germanistikstudentinnen und -studenten im In- und Ausland bei der Literatursuche geholfen. Sie konnte über längere Jahre infolge beruflicher Belastung nicht so aktualisiert werden, wie dies wünschenswert gewesen wäre.

Erst jetzt kann ich die Neubearbeitung nach Sichtung der bibliographischen Werke des letzten Jahrzehnts erneut vorlegen. Ich habe lange geschwankt, ob ich die Form der Darstellung und die Anlage des praktischen Teils grundsätzlich ändern sollte. Wenn ich mich entschieden habe, die Grundstruktur des Buches nicht zu verändern, so leitet mich dabei die Erfahrung, daß man gern zu Hilfsmitteln greift, deren Aufbau und Anlage man sich längst eingeprägt hat. Zum andern ist die Idee dieser Einführung, die ich als junger Bibliothekar des Deutschen Literaturarchivs in Marbach gehabt habe, noch so gültig wie beim Erscheinen der ersten Auflage. Es geht um ein bibliographisches Hilfsmittel, das Studierenden und Anfängern in der literaturwissenschaftlichen Forschung die ersten Schritte in der Literatursuche vermitteln möchte. Die Germanistik hat im Laufe der Zeit zwar weitere Literaturformen in die Arbeit einbezogen, sie hat sich auch in ihrer Methodik gewandelt, aber nicht in der Notwendigkeit, die Wege zu den Forschungsergebnissen und zu den Quellen aufzuzeigen. Die bibliographischen Werke sind sehr viel zahlreicher geworden, manche Recherchen werden durch neue Formen des Nachschlagens erleichtert, die elektronische Datenverarbeitung kommt gerade bibliographischen Arbeiten sehr entgegen. Die Neuen Medien, Mikroficheausgaben und CD-Rom können dem Bibliographen sehr hilfreich sein.

Dennoch bleibt es das Ziel dieser Einführung, allein mit den Grundwerken, dem Handwerkszeug für Germanisten, vertraut zu machen. In der Auswahl der Hilfsmittel und Nachschlagewerke wurde, wie bisher, restriktiv verfahren. Nicht die Fülle, sondern die Auswahl war von Anfang an das Grundprinzip dieser Einführung in die Bücherkunde. Es werden diejenigen Titel genannt und diejenigen Werke verzeichnet, die sich der Benutzer nach und nach während seines Studiums einprägen sollte. Für die wissenschaftliche Arbeit ist es eine große Erleichterung, wenn der Forscher weiß, welche Bibliographien und Nachschlagewerke er für eine bestimmte Frage zuerst zu Rate ziehen sollte. Dabei ist er selbstverständlich auf den Handapparat einer größeren wissenschaftlichen Bibliothek oder eines Seminars angewiesen. Bei der Suche nach entlegenen Quellen sollte man die Bibliothek des Deutschen Literaturarchivs in Marbach besuchen, die jedem Germanisten empfohlen wird, der sich mit der deutschen Literatur seit dem späten 18. Jahrhundert beschäftigt.

Allerdings wurde nicht auf die Nennung einiger älterer bibliographischer Werke verzichtet, auch wenn sie durch neuere ersetzt sind. Da sich die Germanistik als Wissenschaft ihrer eigenen Forschungs- und Institutionsgeschichte immer mehr bewußt wird, ist der Rückgriff auf nur noch wissenschaftsgeschichtlich relevante Titel erforderlich. Manches Wissen der älteren Generation von Germanisten, die noch von Professoren gelernt haben, die die Entwicklung ihrer Wissenschaft seit der Jahrhundertwende tradierten, geht zum Schaden einer Disziplin verloren, die bei dem steigenden Interesse an zeitgenössischer und gegenwärtiger Literatur nicht auf die intensive Erforschung des differenzierten Entwicklungsprozesses der deutschen Literatur insgesamt verzichten kann.

Nochmals aber sei das Ziel betont, das der Verfasser mit der Herausgabe dieser Bücherkunde unverändert verfolgt: er will ein praktisches, handliches und knappgefaßtes Hilfsmittel allen denen an die Hand geben, die sich über die bibliographischen Möglichkeiten in der deutschen Literaturwissenschaft informieren möchten. Das gilt vor allem auch für Studierende der Germanistik, die auf diese Weise lernen können, wie sie die Titel literarischer Texte und literaturwissenschaftlicher Darstellungen und Untersuchungen systematisch und auf sicherem Wege feststellen können.

Die »Sammlung Metzler« wurde vor vielen Jahren mit dieser Einführung in die Bücherkunde eröffnet. Der Reihe fühlt sich der Verfasser verpflichtet, und er will auch mit dieser Neubearbeitung ihrem Prinzip treu bleiben, »Realien zur Literatur« zu vermitteln.

Santa Monica, Kalifornien
15. Dezember 1993   Paul Raabe

Einleitung

Im Gefüge der abendländischen Wissenschaft kommt dem Buch die entscheidende Funktion einer ordnenden, vermittelnden und bewahrenden Macht zu. Das gelehrte Werk informiert über Stand und Fortschritt wissenschaftlicher Erkenntnisse; das Erforschte wurde auf diesem Wege als Vermächtnis über die Zeiten gerettet: in den Summen des Mittelalters, den Kompendien des Humanismus, den Enzyklopädien der Aufklärung und endlich in den Darstellungen und Untersuchungen, den Biographien und Monographien der letzten Jahrhunderte.

Das Buch ist für den Geisteswissenschaftler der unentbehrliche Träger der Forschung. Ohne das Buch bzw. die Abhandlung in einer Zeitschrift oder Festschrift ist wissenschaftliche Arbeit nicht denkbar. Wenn sich Methoden, selbst Ziele wissenschaftlicher Bemühungen ändern, so bleibt doch das Buch als Mittler und Bewahrer in seiner Funktion bestehen. Auch der Literarhistoriker wird das Buch als Sekundärliteratur ständig zu Rate ziehen müssen, wenn er sich um Klärung eines Problems bemüht. Erst diese Form der Überlieferung erlaubt ihm, das vor ihm Erkannte, Ermittelte und Erforschte zur Kenntnis zu nehmen und in kritischer Auseinandersetzung damit die eigenen Ergebnisse, wiederum meist in schriftlicher Form, vorzutragen.

In der Literaturwissenschaft ist aber das Buch in diesem Sinne nicht nur Träger der Forschung wie in den meisten anderen Wissenschaftszweigen, sondern es ist zugleich und vor allem Quelle, Träger literarischer Überlieferung. Da die Werke der Dichter und Schriftsteller der eigentliche Gegenstand der Literaturwissenschaft sind, muß man den Quellenwert des Buches für diese Forschung besonders hervorheben. Allerdings ist das Buch in der mechanisch reproduzierbaren Form erst eine Erfindung des 15. Jh.s und nicht die ursprüngliche Art der dichterischen Überlieferung. Das Primäre ist die Handschrift des Autors, das Manuskript, das übrigens auch einen größeren Einblick in den Schaffensprozeß gewährt als das gedruckte Buch. Der Wissenschaftler kann aber heute meist auf kritische Ausgaben, Editionen zurückgreifen; das gilt auch inzwischen zum guten Teil für neuere Handschriften, für Manuskripte von Texten, Briefe und Dokumente neuzeitlicher Autoren. Daraus folgt ein doppelter Aspekt: das Buch als Originalausgabe ist Quelle ebenso wie die wissenschaftliche Edition, die nicht nur nach Handschriften, auch nach Erstdrucken erfolgen kann. Je näher eine Quelle der Gegenwart liegt, um so unentbehrlicher wird das Originalwerk, die Erstausgabe, die Editio princeps oder auch die Ausgabe letzter Hand für die philologische Arbeit. Auch bei den Texten, die in vorbildlichen Editionen vorliegen, sollte man die Kenntnis des Originaldrucks nicht außer acht lassen, sowenig wie man auf den Einblick in Handschriften verzichten kann. Eine Edition kann wohl den Text herstellen, aber letzten Endes nicht die Ursprünglichkeit eines Barockbuches oder eines Werkes der Goethezeit ersetzen.

Sowenig eine literaturwissenschaftliche Veröffentlichung immer als selbständiges Buch erscheint, sondern auch als Beitrag in einer Zeitschrift, in einem Sammelwerk, einer Festschrift, als Rezension, ja, als Zeitungsartikel, sowenig ergibt ein gedruckter Text ein Buch. Viele Dichtungen erscheinen verstreut in Zeitschriften, Almanachen, Zeitungen, Kalendern, in Erstdrucken, Vorabdrucken oder Nachdrucken, zeitgenössische Texte auch als hektographische Rundfunkmanuskripte oder als vervielfältigte Drehbücher von Theater- und Fernsehinszenierungen. Auf diese Weise fächern sich die gedruckten Erscheinungsformen eines Textes oder einer literaturwissenschaftlichen Abhandlung auf nach einer Vielfalt formaler Publikationsarten, die zwar für den Text unwesentlich, für dessen Ermittlung aber wichtig sind.

Um sich in dieser Fülle der Quellen und der Literatur zu orientieren, bedarf es eigener wissenschaftlicher Hilfsmittel, Werke, die nach bestimmten Abgrenzungen und Zielsetzungen die Titel von Büchern, Aufsätzen und Beiträgen verzeichnen. Man nennt in Deutschland diese jedem Forscher unentbehrlichen Werke Bibliographien. Nur eine sichere Benutzung solcher Hilfsmittel gewährleistet dem Literaturwissenschaftler einen zuverlässigen Zugang zu den Quellen und der Literatur seines Faches. Ihre Kenntnis ist notwendige Voraussetzung jeder literaturwissenschaftlichen Arbeit. Zu den Bibliographien treten ergänzend die Sachwörterbücher, biographischen Hilfsmittel, Literaturgeschichten, Tabellenwerke und Zeitschriften. Ihr Zweck ist dem der Bibliographien verwandt. Sie vermitteln erste Informationen, Fakten, Daten.

Die vorliegende »Einführung in die Bücherkunde zur deutschen Literaturwissenschaft« will in erster Linie mit den wichtigsten bibliographischen Hilfsmitteln des Gebietes bekannt machen und sie benutzen lehren. Die Einführung ist für die Praxis bestimmt. Sie will weder bibliographischen Handbüchern Konkurrenz machen, noch zu dem so notwendigen Geschäft der Bearbeitung von Bibliographien anleiten. Sie möchte lediglich mit den Grundzügen des Bibliographierens, der Technik bibliographischer Ermittlungen vertraut machen. Daß diese Tätigkeit in ihren ungeahnt großen Möglichkeiten unter den Studenten und Wissenschaftlern noch immer allzu wenig geübt wird, dürfte allgemein bekannt sein. Neben dieser Einführung in die bibliographische Praxis verweist die Bücherkunde auf die wichtigsten Werke, die dem Germanisten zum Nachschlagen zur Hand sein sollten. In dem Wechsel und der Korrespondenz fachwissenschaftlich begrenzter und allgemeiner Nachschlagewerke liegt hier wie bei den Bibliographien das Geheimnis des Findens. Aus diesem Grunde wurden bei aller Begrenzung der aufgeführten Werke – eine Einführung erstrebt eine möglichst klare Übersicht, wenn nötig auf Kosten einiger Titel – die allgemeinen Hilfsmittel einbezogen. Ohne ihre Kenntnis wird der Literatursuchende oder Auskunft Erhoffende allzu oft in der nun einmal für unsere Wissenschaft gegebenen Situation nicht zum Ziel kommen.

Bücherkunde wird hier als zusammenfassender Begriff für Bibliographien, Lexika und Hilfsmittel verstanden. Sie instruiert über bibliographische und Fakten vermittelnde Nachschlagewerke, die ihrerseits dem Zweck dienen, Informationen zu geben, denen man anhand der festgestellten Titel oder Fakten nachgehen muß. Die Bücherkunde macht mit Hilfsmitteln vertraut, deren präzise Kenntnis dem Wissenschaftler wie dem Studenten Mühe, Zeit und Umwege ersparen.

Der Absicht, knapp und klar das Wissenswerteste aus der Bücherkunde darzubieten, dienen nicht zuletzt die als Anhang vereinigten, im praktischen Teil erläuterten Tabellen. Hier wird versucht, dem Benutzer die verschiedenen Hilfsmittel in schematischer Darstellung zu vergegenwärtigen und ihm ein Instrument an die Hand zu geben, mit dem er praktisch arbeiten kann. Die Beschränkung auf das Wichtigste erlaubt eine übersichtliche Benutzbarkeit dieser Tabellen. Sie sind zur Einübung und zur Rekapitulation gleichermaßen bestimmt.

A. Darstellender Teil

Da es der Zweck dieser Einführung ist, mit den praktischen Möglichkeiten der vorhandenen Bibliographien und Nachschlagewerke bekanntzumachen, wird im Gegensatz zu den allgemeinen Werken der Bücherkunde (Arnold, Hansel, Paschek, Blinn) der Stoff auf doppelte Weise dargeboten. Der erste Teil macht mit dem Aufbau und der Benutzbarkeit der einzelnen Hilfsmittel in gebotener Kürze vertraut, im zweiten wird eine Anleitung versucht, wie man die Hilfsmittel bei bestimmten Fragen nebeneinander benutzt und zur gegenseitigen Ergänzung heranzieht. Aus Gründen der Übersichtlichkeit werden die vollständigen bibliographischen Nachweise der im Text besprochenen Werke in einer eigenen Bibliographie im dritten Teil zusammengestellt. Die den gekürzten Titeln im Text beigefügten Nummern beziehen sich auf diese Werkliste am Ende des Buches (S. 86–122), deren Aufbau dem darstellenden Teil entspricht.

I. Literaturwissenschaftliche Bibliographien

Während der Forschungsgegenstand der deutschen Literaturwissenschaft einen Zeitraum von mehr als tausend Jahren umfaßt, geht diese Forschung selbst nicht über 180 Jahre zurück. Die Germanistik als Gesamtbezeichnung für die Wissenschaft von der deutschen Sprache und Literatur entstand in der Blütezeit der Romantik. Vorher liegende Bemühungen und Ansätze mögen antiquarisches und auch wissenschaftsgeschichtliches Interesse behalten, die eigentliche Forschung jedoch setzt erst mit den Brüdern Grimm, Friedrich Heinrich von der Hagen, in der nächstfolgenden Generation mit Karl Lachmann, Moriz Haupt, Karl Goedeke und anderen ein. Das sich zu vergegenwärtigen, ist nicht unwichtig. Beginnt die entscheidende literaturwissenschaftliche Forschung erst um 1850 und dann für die neuere deutsche Literatur um 1870 mit dem Zeitalter des Positivismus, so bedeutet das, daß die Ergebnisse dieser Forschungen in Publikationen ihren Niederschlag fanden, die kaum viel mehr als hundert Jahre zurückliegen und in Bibliographien verzeichnet sind, die noch jüngeren Datums sein müssen.

Doch die gedruckten Quellen selbst, die Werke der Autoren, die zeitgenössischen Dokumente, Zeitschriften und Zeitungen sind ja zum Teil erheblich älter. Da es in der literaturwissenschaftlichen Bibliographie die Scheidung von Forschungsliteratur und Quellenliteratur nicht gibt, so verwirren diese beiden in ihrer Struktur völlig verschiedenen Publikationsformen den Aufbau der Bibliographien.

Wie für alle Fachwissenschaften gibt es abgeschlossene und periodische, auf Vollständigkeit zielende und auswählende Verzeichnisse, zeitlich, räumlich und sachlich begrenzte Bibliographien unter Einbeziehung oder Fortlassung der Quellenliteratur. Wenn sich auch diese Uneinheitlichkeit des inneren Aufbaus und die daraus folgenden Überschneidungen dem ordnenden Geist widersetzen, so werden die Hilfsmittel im folgenden doch nach diesem üblichen Schema, soweit sinnvoll und notwendig, eingeteilt. Nicht von dem Aufbau, jedoch von der Benutzbarkeit her ergibt sich eine klare Scheidung der Zwecke und Ziele der einzelnen Bibliographien.

Es ist berechtigt und auch üblich, über den Mangel an bibliographischen Hilfsmitteln in unserer Wissenschaft zu klagen, über die Not und die Schwierigkeiten bibliographischer Berichterstattung. Doch bei unserer Aufgabe würden solche Feststellungen nicht weiterführen. Es gilt vielmehr, das Vorhandene auf Brauchbarkeit zu prüfen, die bedeutsamen Werke auszuwählen und zu erläutern und dem Leser die Wege zu zeigen, auf denen es ihm dennoch gelingen kann, die Primär- und Sekundärliteratur seines Faches festzustellen.

vgl. Hans Fromm, Germanistische Bibliographie seit 1945. Theorie und Kritik. 1960 (Referate aus der DVjs.); Hanns W. Eppelsheimer, Von der Würde bibliographischer Arbeit. In: das werck der bucher. Eine Festschrift für Horst Kliemann. 1956. S. 86–89; Wieland Schmidt, Bibliographie zur deutschen Literaturwissenschaft. In: Reallexikon der deutschen Literaturgeschichte. Bd.. I. ²1958. S. 154–168; Paul Raabe, Karl Goedeke und die Folgen. Zur bibliographischen Lage der deutschen Literaturwissenschaft in der Bundesrepublik. In: Bibliographische Probleme im Zeichen eines erweiterten Literaturbegriffs. Weinheim 1988. S. 187–210.

1. Bibliographische Einführungen

Bibliographische Angaben s. S. 86.

Abgesehen von den beiden nur noch wissenschaftsgeschichtlich interessanten bibliographischen Einführungen in die deutsche Philologie von HEINRICH HOFFMANN VON FALLERSLEBEN (*Die deutsche Philologie im Grundriß*, 1836) und später von KARL VON BAHDER (*Die deutsche Philologie im Grundriß*, 1883), gibt es gegenwärtig einige bibliographische Grundwerke, die die Bibliographien, Nachschlagewerke, Handbücher, Literaturgeschichten und Zeitschriften zur Germanistik referierend und räsonnierend (erläuternd) verzeichnen. Wir beschränken uns auf die vier wichtigsten Werke.

ROBERT F. ARNOLD *Allgemeine Bücherkunde zur neueren deutschen Literaturgeschichte*, zuerst 1910 erschienen, 1966 in 4. Auflage von HERBERT JACOB neu bearbeitet (Nr. 1) und inzwischen leider auch teilweise veraltet, ist eine der großen originellen bibliographischen Leistungen unseres Fachgebietes: ein reiches Kompendium, das, beschränkt auf die Neuzeit, über die allgemeinen Werke der Literatur, also Literaturgeschichten, Teildarstellungen, Epochendarstellungen, regionale Literaturgeschichten, Gattungs-, Motiv- und Stoffgeschichten, über Textsammlungen, literarische und literatur-wissenschaftliche Zeitschriften, über biographische, bibliographische Hilfsmittel und endlich über die Grundwerke aller Randgebiete gründlich belehrt. Wenngleich sich das Werk in Anlage und Aufbau allzusehr an die veraltete Auflage anschließt, bleibt es das instruktivste bibliographische Handbuch zur neueren Literaturgeschichte, eine Fundgrube für den Gelehrten, weniger für den Anfänger.

Unentbehrlich ist daneben JOHANNES HANSEL *Bücherkunde für Germanisten* (Nr. 2), deren Verdienst darin besteht, daß sie die gegenwärtige bibliographische Situation der Germanistik darstellt. Es entstand eine materialreiche, systematisch angelegte, knapp erläuternde Bibliographie der Bibliographien und Darstellungen zur deutschen Sprach- und Literaturwissenschaft. Wertvoll ist der Nachweis vieler neuer und neuester Forschungsberichte, ebenso das in dieser Form zum erstenmal angelegte Verzeichnis der Handschriftenkataloge am Ende des Buches.

Dem Studenten und Anfänger unerläßlich ist die *Studienausgabe* von HANSELS *Bücherkunde*, die zugleich eine Einführung in die Benutzung der Hilfsmittel (»Wie sammelt man das Schrifttum nach dem neuesten Forschungsstand?«) darstellt. Rund 1400 Werke verzeichnet dieses empfehlenswerte Kompendium, das jeweils das Gewicht des bibliographischen Berichtes auf die Neuerscheinungen nach dem Kriege legt. Mit der 9. Auflage, die, wiederum von LYDIA TSCHAKERT bearbeitet, 1991 erschien, ist der gegenwärtige Forschungsstand erreicht, und auch wegen dieser aktuellen Berichterstattung gehört der »Hansel« in die Hand jedes Germanisten. Zur Ergänzung empfiehlt sich die Anschaffung der Personalbibliographie von JOHANNES HANSEL (vgl. Nr. 131).

CARL PASCHEK *Praxis der Literaturermittlung Germanistik* (1986; Nr. 3) versteht sich als germanistisches Lehrbuch. Im 1. Teil entwickelt der Verfasser eine Methodik der Literaturermittlung: er analysiert die verschiedenen Suchvorgänge, beschreibt die Erscheinungsformen bibliographischer Werke und stellt die Wege der Literaturbeschaffung dar. Der 2. Teil ist ein systematisches Verzeichnis der Lexika, Bibliographien, Darstellungen, Zeitschriften und Referatedienste zur Germanistik und sollte wegen der exakten und reichhaltigen Informationen neben Hansels Studienausgabe benutzt werden.

Besonders empfehlenswert ist HANS JÜRGEN BLINN *Informationshandbuch Deutsche Literaturwissenschaft* (2. Aufl. 1992;

Nr. 4). Es ist ein klar gegliedertes und leicht benutzbares umfangreiches Taschenbuch, das die Grundwerke der deutschen Literaturwissenschaft verzeichnet und teilweise kommentiert. Über die Handbücher und Darstellungen, Lexika und Wörterbücher, Bibliographien und Referateorgane, Zeitschriften und Zeitungen, die zum Studium der deutschen Literatur relevant sind, erhält man ebenso Auskunft wie über Sammelgebiete und Institutionen, Verbände und Gesellschaften des akademischen und literarischen Lebens unter Einschluß der Literatur- und Kulturpreise. Zu Recht nennt deshalb der Verfasser sein Werk ein »Informationshandbuch«.

Zur Ergänzung und Vertiefung unserer Einführung sollte man die vier genannten Werke heranziehen.

2. Allgemeine Fachbibliographien

Bibliographische Angaben s. S. 86–87.

Der Literarhistoriker hat einige sehr verschiedene, aber den gesamten Zeitraum der deutschen Literatur umfassende, zeitlich abgeschlossene Standardwerke zum Ausgang jeder bibliographischen Recherche zu nehmen: vor allem den GOEDEKE, den KÖRNER und zu seiner zeitlichen Ergänzung den KÖTTELWESCH sowie die INTERNATIONALE BIBLIOGRAPHIE und den KOSCH. Diese Werke, die sich in ihrer Zielsetzung, in Rang, Aufbau und Brauchbarkeit sehr voneinander abheben, kann niemand entbehren, der literaturwissenschaftlich arbeitet.

KARL GOEDEKE (1814–1887) wurde mit seinem Lebenswerk, dem *Grundriß zur Geschichte der deutschen Dichtung* (Nr. 5), dessen drei Bände 1859 und 1881 in erster Auflage erschienen, der Begründer der bibliographischen Berichterstattung zur deutschen Literatur. Aus der Absicht einer Literaturgeschichte wurde ein bibliographisches Handbuch mit Einleitungen und Biographien. Aus dem knappen Kompendium entstand in 2. Aufl. seit 1884 das grundlegende Nachschlagewerk zur deutschen Literatur vom Mittelalter bis zur Französischen Revolution 1830. Die Bibliographie ist mit Band 17 abgeschlossen, das umfassende Register in Vorbereitung. Nur drei Bände der Reihe konnte der rastlose, seinen Zettelkästen, seiner Bibliographie und schließlich seinem Verleger verfallene Karl Goedeke selbst vollenden. Ein großer Stab von Mitarbeitern führte das ungeheure Erbe weiter, das schließlich zu

einem Unternehmen der Akademie der Wissenschaften zu
Berlin wurde.

Im einzelnen stellt sich die Einteilung so dar:

Bd. 1-3: Deutsche Dichtung bis 1750

Bd. 1, 2. Aufl. 1884:	Das Mittelalter
Bd. 2, 2. Aufl. 1886:	Das Reformationszeitalter (= 16. Jahrhundert)
Bd. 3, 2. Aufl. 1887:	Barock und Aufklärung

Bd.. 4-5: Goethezeit 1750-1800

Bd. 4, I. *3. Aufl.* [1907-]1916:	Vom Siebenjährigen bis zum Weltkriege 1. Abt. (= Von den Schweizern bis zum Sturm und Drang)
Bd. 4, II-IV, *3. Aufl.* 1910-1913:	Goethe-Bibliographie
Bd. 4, V. 1957-1960:	Goethe-Bibliographie 1912 bis 1950
Bd. 5, 2. Aufl. 1893:	Schiller; Zeitgenossen Goethes und Schillers

Bd. 6-7: Dichtung 1800-1815 (= Die Zeit des Weltkrieges)

Bd. 6, 2. Aufl. 1898:	Romantik; Zeitgenossen der Romantik; Dichter aus der Schweiz und Österreich
Bd. 7, 2. Aufl. 1900:	Dichter einzelner Landschaften und des Auslands; Mundartdichter; Übersetzungen

Bd. 8-17: Dichtung 1815-1830 (= Vom Weltfrieden bis zur Französischen Revolution)

Bd. 8, 2. Aufl. 1905:	Zeitschriften, Almanache, Dichter der Spätromantik (Rückert, Eichendorff, Kerner, Uhland, Grillparzer, Grabbe, Immermann, Platen u.a.)
Bd. 9, 2. Aufl. 1910:	Romanschriftsteller nach Landschaften
Bd. 10, 2. Aufl. 1913:	Unterhaltungsschriftsteller, Novellisten, Verfasser von Epopoen
Bd. 11, I-II, 2. Aufl. 1951-1953:	Drama und Theater 1815-1830
Bd. 12, 2. Aufl. 1929:	Dichter (meist Lyriker) aus der Schweiz, Österreich, Bayern
Bd. 13, 2. Aufl. 1938:	Dichter aus Süd-, West-, Mittel- und Nordwestdeutschland
Bd. 14, 2. Aufl. 1959:	Nordöstliches Deutschland
Bd. 15, 2. Aufl. 1966:	Auslandsdeutsche Dichter (Baltikum, Rußland, Skandi-

	nav"en usw.); Mundartdichter
Bd. 16, 2. Aufl. 1985:	Geistliche Dichtung; Autodidakten; Übersetzungen
Bd. 17, I–II, 2. Aufl. 1991:	Übersetzer
Bd. 18:	Register; in Vorbereitung

Der Zugang zu dem Werk, das infolge der Wechsel von Mitarbeitern und Redakteuren keinen einheitlichen Charakter in den Einzelheiten aufweist, wird erschwert durch eine heute überholte Periodisierung und durch eine ungleichmäßige Proportion. Das 1975 erschienene, von HARTMUT RAMBALDO bearbeitete Register der Autoren von Band 1–15 stellt eine gewisse Erleichterung in der Benutzbarkeit dar. Wenn man sich mit den kuriosen Benennungen (Weltkrieg = Befreiungskriege, Weltfrieden = 1815, Französische Revolution = 1830) abgefunden hat, dann wird man an ein bibliographisches Material herangeführt, dessen Reichtum in den meisten Fällen überwältigend ist. Das Ziel des »Goedeke« ist eine gewisse Vollständigkeit in der Nennung der Schriften des Autors unter Einschluß seiner unselbständig erschienenen Veröffentlichungen, den Briefen und Lebenszeugnissen. Der Aufführung dieser für die Forschung unentbehrlichen, nicht veraltenden gedruckten Quellen geht die Sekundärliteratur von den frühesten zeitgenössischen Zeugnissen an voran, sie wird jeweils bis zur Erscheinungszeit des Bandes mit mehr oder minder zuverlässiger Vollständigkeit dargeboten.

Die unbestrittene Stärke des »Goedeke« liegt in dem Nachweis der Literatur zu den einzelnen Autoren des 18. und frühen 19. Jahrhunderts. Die Bände 1–3 (Mittelalter, 16. und 17. Jahrhundert) sind wegen der fehlenden neueren Sekundärliteratur veraltet. Zum Nachschlagen der allgemeinen Literatur allerdings empfiehlt es sich, Arnolds oder Hansels Bücherkunde an Stelle des »Goedeke« zu Rate zu ziehen. Vor der Benutzung macht man sich am besten mit der Grundeinteilung der Bände bekannt, beachte aber stets, daß Nachträge zu einem Autor in späteren Bänden auch zu finden sind. Die Autoren werden etwa bis zum Geburtsjahr 1800 aufgenommen, ohne daß hier ein starres Prinzip eingehalten wird. Den 4. Band, der wiederum aus vier einzelnen Teilen besteht, benutzt man stets in der 3. Aufl.: er enthält in den drei letzten Teilen eine komplette Goethebibliographie bis 1912, die nunmehr bis 1950 fortgeführt ist.

Mit dem Erscheinungsjahr der Bände ist ein Terminus ante quem gesetzt: das Schrifttum vor dieser Zeit ist in den meisten

Fällen erfaßt. Das gilt auch für Zeitungsaufsätze. Das weitere Bibliographieren kann etwa mit diesem Jahr bzw. dem Jahr des Redaktionsschlusses einsetzen. Die drei ersten Bände des »Goedeke« sind, wie erwähnt, überholt, auch Bd. 5 ist zum guten Teil ersetzt durch spezielle Bibliographien (zu Hölderlin, Jean Paul). Das Schillerkapitel, das bis 1892 reicht, wird in einem eigenen Werk fortgeführt (WOLFGANG VULPIUS, *Schiller-Bibliographie, 1893 bis 1958*, nebst Fortsetzungen, Nr. 184). Der »Goedeke« ist die Frucht jahrzehntelanger gelehrter Arbeit, unvergleichlich ist das Verdienst ALFRED ROSENBAUMS, der einen guten Teil der Arbeit leistete. Doch auch die vielen anderen Mitarbeiter, zu denen EDMUND GOETZE, FRANZ MUNCKER, AUGUST SAUER, KARL KIPKA, MAX KOCH und andere gehören, haben großen Anteil an dieser monumentalen Leistung.

Die Bände 14–17 wurden unter allergrößten Schwierigkeiten und mit erzwungenen Unterbrechungen seitens der Akademie der Wissenschaften der DDR vorbildlich von HERBERT JACOB herausgegeben, der auch das umfassende Generalregister vorbereitete.

Die Fortführung des Unternehmens ist durch die neugegründete Berlin-Brandenburgische Akademie für den Zeitraum 1830–1880 gesichert. Allerdings bleibt der erste Band, der bis Aysslinger reicht, ein Torso: *Goedekes Grundriß zur Geschichte der deutschen Dichtung. Neue Folge* (Fortführung von 1830 bis 1880) (Bd. 1. 1962; Nr. 6). Die Arbeitsstelle bereitet ein 5bändiges Werk vor, das alphabetisch nach den Autoren angelegt ist, aber nur die selbständigen Werke verzeichnet, im übrigen auf Bibliographien und vor allem auf das Quellenmaterial in Berlin verweist.

LEOPOLD HIRSCHBERG gab 1924 einen *Taschengoedeke* heraus, der in alphabetischer Folge die wichtigsten deutschen Autoren mit den Erstausgaben ihrer Werke verzeichnet. Der Neudruck (Nr. 7) ist Grundlage einer Mikrofiche-Edition aller darin vorkommenden Werke (K. G. Saur). Hirschbergs Idee wurde in neuer und perfekter Form von GERO VON WILPERT und ADOLF GÜHRING mit den von ihnen herausgegebenen *Erstausgaben deutscher Dichtung. Eine Bibliographie zur deutschen Literatur 1600–1990*; 2. Aufl. 1992; Nr. 8) verwirklicht. Es ist ein grundlegendes bibliographisches Werk entstanden, das rund 1360 Autoren mit ihren Buchveröffentlichungen sowie den von ihnen herausgegebenen und übersetzten Schriften jeweils in chronologischer Ordnung verzeichnet. Das sehr handliche Nachschlagewerk orientiert so gut wie zuverlässig über die deutsche Literatur vom Barock bis zur Gegenwart.

Neben den mit Wissen schwer befrachteten, sich jeder Kritik und Wertung enthaltenden Bänden des »Goedeke« erscheint das *Bibliographische Handbuch des deutschen Schrifttums* von JOSEF KÖRNER (1949; Nr. 9) als sichtendes, souverän auswählendes Werk eines Meisters der Bibliographie, als das wissenschaftliche Testament eines großen Gelehrten zugleich. Nach Karl Goedeke und Alfred Rosenbaum ist Josef Körner die dritte überragende Persönlichkeit auf dem Gebiet der literaturwissenschaftlichen Bibliographie. Sein Handbuch ist das Ergebnis jahrzehntelanger Forschungen, ein imposantes, meist verläßliches, reichhaltiges Nachschlagewerk für das Gesamtgebiet der deutschen Literaturwissenschaft bis in die Mitte der 40er Jahre. Es ist ein außerordentlich lebendiges und anregendes Werk, dessen Benutzung durch ein eingehendes Sach- und Namensregister sehr erleichtert wird.

Freilich arbeitete die Zeit gegen den »Körner«. Inzwischen trennen uns mehr als vier Jahrzehnte von dem Abschluß des Werkes. Das von CLEMENS KÖTTELWESCH herausgegebene *Bibliographische Handbuch der deutschen Literaturwissenschaft 1945–1969* (1973–1979; (Nr. 10) stellt in gewissem Sinne einen Anschluß dar. Die beiden Bände umfassen die Literatur von den Anfängen bis zur Gegenwart. Vorangestellt sind die Werke und Beiträge zu zeitlich übergreifenden Themen. Die voluminösen Bände (Bd. 3 = Verfasser- und Sachregister) verzeichnen die wesentliche Forschungsliteratur zwischen 1945 und 1969 in systematischer, im großen und ganzen übersichtlicher Anlage.

Wichtiger aber ist die *Internationale Bibliographie zur Geschichte der deutschen Literatur von den Anfängen bis zur Gegenwart* (1969–1984; Nr. 11), ein groß angelegtes, stoffreiches, vor allem auch die osteuropäische Forschung einbringendes Nachschlagewerk, das in der DDR bearbeitet wurde. Es ist gegenwärtig die brauchbarste und reichhaltigste allgemeine Bibliographie zur deutschen Literaturgeschichte. Freilich: die Lektüre des in sehr kleiner Type gedruckten Werkes ist mühsam, die Titelangaben sind äußerst knapp, aber man findet nicht nur die allgemeine Literatur, sondern auch die wesentlichen Editionen und Publikationen zu den einzelnen Autoren in einer großzügigen Auswahl. In jeder Hinsicht ist diese Bibliographie für den Germanisten ein ganz unentbehrliches Hilfsmittel.

Wenn im Anschluß an die Beschreibung der allgemeinen bibliographischen Werke auf einige Literaturlexika eingegangen wird, so beziehen wir uns auf die Literaturverzeichnisse in diesen biographisch-bibliographischen Nachschlagewerken. Die alphabetisch angelegten Lexika sind bequem zu benutzen und verführen leicht dazu, sich mit den bibliographischen Angaben zufriedenzugeben. Man sollte bedenken, daß die Literaturlexika in erster Linie Sachinformationen über Autoren, Werke, Themen und Probleme bieten, erst in zweiter bibliographische Angaben enthalten.

Das bekannteste Werk dieser Art, das *Deutsche Literatur-Lexikon* von WILHELM KOSCH (Nr. 12) erscheint seit 1968 in 3. Auflage und wird in absehbarer Zeit abgeschlossen sein. Während die 2. Auflage (Bd. 1–4. 1949–1958) neben den Artikeln über Autoren auch Sachbezüge (Gattungen, Stoffe, Motive, Probleme) enthielt, aber wegen vieler bibliographischer Fehler nicht sehr geschätzt wurde, sind die Herausgeber der 3. Auflage bemüht, in der Beschränkung auf Autoren (Dichter, Schriftsteller, Germanisten) möglichst viele Namen – man hat es mit 15 000 Personen zu tun – biographisch, vor allem aber bibliographisch vorzustellen.

Seit 1979 erscheint in mehreren Reihen das von HANS-GERT ROLOFF herausgegebene Handbuch *Die deutsche Literatur* (Nr. 13), das sich das ehrgeizige Ziel gesetzt hat, die Gesamtheit der deutschen Schriftsteller vom Mittelalter bis zur Gegenwart unter Einbeziehung der lebenden Autoren zu verzeichnen, ihre Biographien mitzuteilen, ihre Werke in selbständiger und unselbständiger Form und die über sie erschienene Sekundärliteratur vollständig aufzuführen. Wenngleich mehrere Bände bereits vorliegen, ist das viel zu breit angelegte Werk bis jetzt nur punktuell zu benutzen.

Dagegen ist das *Literaturlexikon. Autoren und Werke deutscher Sprache*, das WALTHER KILLY unter Mitarbeit vieler Germanisten in 15 Bänden (1988–1993; Nr. 14) in dem kurzen Zeitraum von fünf Jahren herausgegeben hat, das Muster eines souverän angelegten, vorzüglich redigierten und über einen breiten Kanon deutscher Autoren berichtenden Nachschlagewerkes, das die Werke und die wichtigste Sekundärliteratur zu den einzelnen Schriftstellern mitverzeichnet.

Daneben ist das von GERO VON WILPERT herausgegebene *Deutsche Dichterlexikon. Biographisch-bibliographisches Handwörterbuch zur deutschen Literaturgeschichte* (3. Aufl. 1988; Nr. 15) ein knappgefaßtes, ca. 3000 Autoren nennendes Nachschlagewerk, das wegen seiner Handlichkeit zur ersten Orientierung hilfreich sein kann.

Das genannte Dichterlexikon ist ein erweiterter Auszug aus dem von GERO VON WILPERT herausgegebenen zweibändigen *Lexikon der Weltliteratur. Biographisch-bibliographisches Handwörterbuch nach Autoren und anonymen Werken* (3. Aufl. 1988–1993, Nr. 16), ein stoffreiches, präzise und zuverlässig bearbeitetes Nachschlagewerk, das in unserem Zusammenhang wegen der Artikel über nichtdeutsche Autoren mit den dazugehörigen bibliographischen Hinweisen zu nennen ist.

In der Reihe der allgemein orientierenden, zeitlich nicht begrenzten bibliographischen Hilfsmittel zur Weltliteratur darf am Ende ein Buch nicht fehlen, das ein beispielhaftes Werk bibliographischer Sachkenntnis und souveräner, manchmal eigenwilliger Darstellung ist: HANNS WILHELM EPPELSHEIMER *Handbuch der Weltliteratur* (3. Aufl. 1960; Nr. 17). Zu den bedeutenden Dichtern wird das Schrifttum in sorgfältiger Auswahl genannt, wesentlich sind Schrifttumsnachweise zu den allgemeinen Kapiteln, die einzelne Epochen einleiten, sowie zu den Gattungsbegriffen, über die im Anhang Auskunft gegeben wird. Leider gilt auch hier das für den »Körner« Gesagte: das Werk ist inzwischen ein historisches Dokument.

3. Allgemeine periodische Fachbibliographien

Bibliographische Angaben s. S. 87–89.

Zur laufenden Ergänzung der genannten allgemeinen abgeschlossenen bibliographischen Grundwerke und der in den nächsten Kapiteln zu beschreibenden speziellen Bibliographien bedarf es einer kontinuierlichen, periodischen Berichterstattung über die Neuerscheinungen des Fachgebietes. Nicht nur die jeweils letzten Jahres- oder Mehrjahresberichte, die als kritische Referate, referierende Bibliographien oder reine Titellisten herauskommen, sind unentbehrliche Hilfsmittel: man wird auch die Reihe der älteren Bände zur Fortführung abgeschlossener Bibliographien ständig zu Rate ziehen müssen. Außerdem lassen sich anhand dieser Berichte auf bestem Wege bibliographische Angaben vervollständigen, Rezensionen nachweisen und endlich in den Referaten Aufschlüsse über den Inhalt der Veröffentlichungen gewinnen.

Wenngleich diese Berichterstattung nach dem Kriege zunächst ins Stocken geriet, sind wir in der Germanistik doch in der glücklichen Lage, über ein System periodischer Bibliographien zu verfügen, das über die deutsche Philologie seit 1862 in ziemlich lückenloser Folge unterrichtet.

Von Beginn an spaltet sich die Berichterstattung auf in die der älteren Germanistik (Germanische Sprachwissenschaft, Nordistik, ältere deutsche Literatur teilweise bis 1624) und die der neueren deutschen Literaturwissenschaft. Die Grenzziehung ist uneinheitlich. Allgemeine Probleme werden sinnvoll aufgeteilt. Im folgenden geben wir zunächst einen Überblick über die periodische Berichterstattung in der älteren Germanistik.

Die Anfänge sind mühsam, die Benutzung dieser Hilfsmittel ist umständlich. Doch anderseits wird man nur in seltenen Fällen auf diese Werke zurückgreifen, da der »Goedeke« sie zumeist ausgeschöpft hat. Für die Berichtszeit von 1862 bis 1878 gibt es *Bibliographische Übersichten über die Erscheinungen auf dem Gebiete der deutschen Philologie* von KARL BARTSCH, erschienen in der Vierteljahrsschrift *Germania* (Jg. 8 bis 24, 1863–1879; Nr. 18). Dann setzt der *Jahresbericht über die Erscheinungen auf dem Gebiete der germanischen Philologie* ein, für die Berichtsjahre 1876–1878 in der *Zeitschrift für deutsche Philologie* (1877–1879; Nr. 20), danach seit 1879 selbständig, zunächst Trennung von Bericht und Bibliographie, mit der für das Berichtsjahr 1921 einsetzenden Neuen Folge werden die Titel mit kurzen Referaten versehen (Nr. 22). 1939 erschien der Bd. 15 der Neuen Folge mit der Bibliographie für 1935. 1954 folgte, von der Deutschen Akademie der Wissenschaften zu Berlin herausgegeben, der Bd. 16/19 für die Jahre 1936–1939. Die Gliederung der Bände vermittelt einen Einblick in die Reichhaltigkeit dieses grundlegenden bibliographischen Werkes:

1. Sprachlich-sachlicher Teil: I.a. Geschichte der germanischen Philologie. I.b. Enzyklopädie und Bibliographie. II. Allgemeine und indogermanische Sprachwissenschaft. Germanische Sprachen. III. Gotisch. IV. Nordische Sprachen. V. Deutsch in seiner Gesamtentwicklung. VI. Althochdeutsche Sprache. VII. Mittelhochdeutsche Sprache. VIII. Neuhochdeutsche Sprache. IX. Hochdeutsche Mundarten. X. Niederdeutsche Mundarten. XI. Niederländische Sprache. XII. Friesische Sprache. XIII. Englische Sprache. XIV. Deutsche Vorgeschichte und germanische Frühgeschichte. XV. Religion und Heldensage. XVI. Runenkunde. XVII. Volksdichtung.

2. Literarhistorischer Teil: XVIII. Altnordische Literatur und Kul-

tur. XIX. Deutsche Literaturgeschichte. XX. Althochdeutsche Literatur. XXI. Mittelhochdeutsche Literatur. XXII. Neuhochdeutsche Literatur. XXIII. Niederdeutsche Literatur. XXIV. Niederländische Literatur. XXV. Friesische Literatur. XXVI. Englische Literatur. XXVII. Latein: Mittellatein. Humanismus und Neulatein. XXVIII. Metrik.

Die 1939 unterbrochene und vom Kriege betroffene Arbeit wurde mit der Zusammenlegung des älteren und des (unten zu beschreibenden) neuen Jahresberichts fortgeführt. Es erschienen zwei Bände dieses *Jahresberichts für deutsche Sprache und Literatur für die Jahre 1940-1950* (Nr. 23). Damit blieb die Tradition dieses höchsten wissenschaftlichen Ansprüchen gerecht werdenden Unternehmens, das erst langsam die versäumten Jahre aufholen sollte, gewahrt. Danach aber stellte die Akademie die Arbeit ein.

Die empfindliche Lücke in der Berichterstattung der älteren Germanistik wurde, wenn auch in diesem Teil nicht erschöpfend, so doch vorläufig geschlossen durch die *Bibliographie der deutschen Literaturwissenschaft*, begründet von HANNS WILHELM EPPELSHEIMER (1957 ff.; Nr. 28). Für die Berichtsjahre 1945-1953 stellte er, für die Zeit ab 1954 in der Fortführung CLEMENS KÖTTELWESCH und danach BERNHARD KOSSMANN das Schrifttum zur deutschen Literaturwissenschaft vom Mittelalter bis zur Gegenwart übersichtlich, wie bei den Jahresberichten mit wertvollen Sach- und Autorenregistern versehen, zusammen. Der sprachwissenschaftliche Teil wurde ab 1969 einbezogen. Die Berichterstattung wird dicht an die Gegenwart herangeführt: 1993 erschien der Band für das Berichtsjahr 1991.

In mancher Hinsicht schwieriger ist die erfolgreiche Konsultierung der periodischen Bibliographien für die neuere deutsche Literaturwissenschaft (die bei der Arbeitsteilung der Jahresberichte an dieser Stelle zeitlich erst mit Opitz beginnt). Die Berichterstattung setzt später ein: für die Jahre 1884-1889 muß man, wenn der »Goedeke« versagt, auf das *Verzeichnis der auf dem Gebiete der neueren deutschen Literatur erschienenen wissenschaftlichen Publikationen*, bearbeitet von PHILIPP STRAUCH, zurückgreifen, das im *Anzeiger für deutsches Altertum* (1885-1890; Nr. 21) zusammengestellt wurde.

Für die Berichtsjahre 1890-1915 stehen dann die monumentalen, die Forschung des Positivismus auffangenden und wiedergebenden *Jahresberichte für neuere deutsche Literaturgeschichte*, anfangs herausgegeben von JULIUS ELIAS (Nr. 24), zur

Verfügung. Ihre Benutzung bedarf einer kurzen Anleitung. Die ersten zwölf Bände (Berichtszeit 1890–1901) bieten nach Sachgebieten aufgeteilte, von den bedeutendsten Germanisten der Zeit bearbeitete Forschungsberichte, unter dem Strich wird die behandelte Literatur in Form von Anmerkungen, aber bibliographisch exakt, aufgeführt. Zum Nachschlagen benutzt man das Register, das auf Kapitel, Abschnitt und laufende Nummer der Anmerkung verweist. Mit dem Berichtsjahr 1902 setzt eine Vereinfachung ein: Forschungsbericht und Bibliographie werden getrennt. Im fortlaufenden Text beziehen sich die fettgedruckten Ziffern auf die Numerierung in der Bibliographie, die als eigener Band oder als zweiter Teil jährlich erscheint.

Da die neue Folge der *Jahresberichte* erst ab 1921 wieder einsetzt, entsteht eine Lücke in der bibliographischen Berichterstattung für die Jahre 1916–1920, die man, außer durch allgemeine Bibliographien, durch folgende Hilfsmittel überbrücken kann: ALFRED ROSENBAUMS *Bibliographie der in den Jahren 1914/18 erschienenen Zeitschriftenaufsätze und Bücher zur deutschen Literaturgeschichte* (1922; Nr. 25) füllt zunächst die Lücke der Kriegsjahre mehr oder weniger reichhaltig aus. Zur Ergänzung erweist sich der Forschungsbericht von PAUL MERKER *Neuere deutsche Literaturgeschichte* (1922; Nr. 26) als nützlich. Schließlich wird man in diesem Fall das *Literaturblatt für germanische und romanische Philologie* (1880 bis 1944; Nr. 19) heranziehen müssen, das die Inhaltsverzeichnisse neuer deutscher und ausländischer Zeitschriftenhefte sowie auch die Neuerscheinungen zur Germanistik mitteilt. Endlich sei noch erwähnt, daß der *Jahresbericht über die Erscheinungen auf dem Gebiete der germanischen Philologie* (Nr. 22) für das Berichtsjahr 1919 die Literatur bis 1770, 1920 und 1921 jeweils bis 1700 einschließt und somit in gewissem Sinne für den nicht erschienenen neuen Jahresbericht in die Bresche springt.

Für die Berichtsjahre 1921–1939 steht dann also die Neue Folge des *Jahresberichts über die wissenschaftlichen Erscheinungen auf dem Gebiete der neueren deutschen Literatur* (Nr. 27) zur Verfügung, im Aufbau und in der Arbeitsteilung auf den Jahresbericht für die ältere Germanistik abgestimmt, bis 1935 mit kritischen Referaten, die in dem nach dem Kriege erschienenen Mehrjahresbericht 1936/39 fehlen. Die hohe Verläßlichkeit und Reichhaltigkeit vermißt man allerdings in den ersten Jahrgängen, so daß man guttut, für die Jahre 1921 bis 1923 mit allgemeinen Hilfsmitteln nachzubibliographieren.

Die doppelgleisige Fortführung des Jahresberichts wurde bereits dargestellt. Für 1940–1950 liegt seitens der Deutschen Akademie der Wissenschaften der *Jahresbericht für deutsche Sprache und Literatur* vor (Nr. 23), dessen weitere Bände geplant waren, aber unter den politischen Verhältnissen in der DDR nicht mehr verwirklicht werden konnten.

So entwickelte sich die von HANNS WILHELM EPPELSHEIMER begründete, dann von CLEMENS KÖTTELWESCH ausgebaute und von BERNHARD KOSSMANN fortgeführte *Bibliographie der deutschen Sprach- und Literaturwissenschaft* (1957 ff.; Nr. 28) für die Berichtszeit seit 1945 zu dem zentralen periodischen Berichtsorgan der Germanistik. Die handlichen Jahresbände sind nach einem übersichtlichen System, vielfach auch nach Schlagworten, gegliedert und durch umfassende Verfasser- und Sachregister erschlossen.

Die Vollständigkeit des bibliographischen Nachweises wurde durch die vorbildliche, die Tradition der alten Jahresberichte wieder aufnehmende *Internationale Germanistische Bibliographie* für die Jahre 1980–1982 von HANS-ALBRECHT und UTA KOCH (1981–1984; Nr. 29) in Frage gestellt. Jeder der drei Bände verzeichnet mehr als 21 000 Titel und stellt so das Dreifache des Umfangs der laufenden Bibliographie von Köttelwesch dar. Die Folge war eine Revision und Erweiterung der Bibliographie von Köttelwesch, die seither jeweils 10 000 Titel pro Jahr umfaßt.

Seit 1960 erscheint, erstmalig in unserer Wissenschaft, ein *Internationales Referatenorgan mit bibliographischen Hinweisen* unter dem Titel: *Germanistik* (Nr. 33). Über die neueste, seit 1959 erschienene Forschungsliteratur gibt die bibliographische Zeitschrift Auskunft. Im Laufe der Jahre hat sie sich zu einem aktuellen bibliographischen Berichtsorgan entwickelt, das man im Anschluß an die *Bibliographie der deutschen Sprach- und Literaturwissenschaft* (Nr. 28) benutzen sollte.

Zur Feststellung der neuesten Literatur ist auch die *Annual Bibliography* unentbehrlich, die 1921–1968 in den Heften der PMLA, seither selbständig erscheint (Nr. 30). In großer Fülle wird die Literatur zur Germanistik jeweils aus dem Vorjahre nachgewiesen. Nicht nur zum Vergleich ausländischer Titel ist diese gründlich gearbeitete Bibliographie nützlich, sondern mehr noch zur Ermittlung der Werke jüngsten Datums, zum Nachweis der noch nicht im »Köttelwesch« verzeichneten Publikationen.

Daneben erscheint als englische periodische Bibliographie

The Year's Work in modern language studies (Nr. 32). Auch sie sollte jedem Germanisten zum Nachschlagen ausländischer, entlegener Titel bekannt sein.

Endlich nennen wir zur Vervollständigung dieser Übersicht die *Jahresberichte des Literarischen Zentralblatts* (Nr. 31), die für die Jahre 1924–1942 wertvolle und übersichtliche Bibliographien zur Germanistik enthalten, die der ganz genau arbeitende Bibliograph, der sich nicht allein auf die Jahresberichte verlassen will, zu Rate ziehen wird. Dissertationen und Zeitschriftenaufsätze sind auch hier aufgenommen.

4. Bibliographien und Hilfsmittel zu den einzelnen Epochen

Bibliographische Angaben s. S. 89–94.

Die allgemeinen abgeschlossenen Bibliographien zur deutschen Literaturwissenschaft bilden den Ausgangspunkt bibliographischer Ermittlungen. Daneben existieren Fachbibliographien, die einen zeitlich begrenzten Abschnitt, einen sachlichen Teilkomplex oder schließlich einen einzelnen Autor bzw. Autorin behandeln. Zur aktuellen Ergänzung wird man die periodischen Bibliographien heranziehen müssen. Erst mit der Kenntnis dieser vielen Möglichkeiten gelingt es, sicher und gründlich bibliographische Informationen zu sammeln.

Die hier vorzuführenden Bibliographien und Kataloge, die sich jeweils auf eine Epoche oder einen Abschnitt aus dem Gesamtbereich der deutschen Literatur beziehen, sind nach ihrem Aufbau, ihren Zielen und ihrer Benutzbarkeit außerordentlich verschieden: neben den Epochenbibliographien gibt es die Schriftstellerlexika, neben laufenden Berichten Bibliothekskataloge, Zeitschriftenbibliographien, Bibliographien von Erstdrucken. Sie werden im folgenden einbezogen.

a) Mittelalter

Für die deutsche Literatur des Mittelalters ist der erste Band des »Goedeke« überholt und nur noch von begrenztem wissenschaftlichen Wert. Dagegen gibt es einen vollgültigen Ersatz in einem Hilfsmittel, das zu den besten und exaktesten unserer Wissenschaft gehört, in dem *Verfasserlexikon. Die deutsche Literatur des Mittelalters*, begründet von Wolfgang Stammler (2. Aufl. 1977 ff. Nr. 34). Dieses Werk, das alphabetisch die Autoren des Mittelalters in ausführlichen Artikeln biographisch und werkgeschichtlich darstellt, bietet eingehende Nachweise von Handschriften, Drucken und schließlich von Sekundärliteratur. Bei der Arbeit über einen mittelalterlichen Autor wird in jedem Fall zuerst dieses *Verfasserlexikon* heranzuziehen sein. Bd. 5 bietet wesentliche Ergänzungen und Nachträge.

Was das *Verfasserlexikon* in alphabetischen Beiträgen aufführt, stellt GUSTAV EHRISMANN in systematischer Form dar. Seine *Geschichte der deutschen Literatur bis zum Ausgang des Mittelalters* (4 Bde, 1918–1935; Nr. 34a) ist das grundlegende Handbuch für die mittelalterliche Literatur. Es enthält reiche bibliographische Notizen, in die die gesamte Forschung im ersten Viertel unseres Jahrhunderts eingearbeitet ist. Mit Hilfe dieser beiden vorzüglichen Hilfsmittel, die man durch die ebenso vorbildliche periodische Berichterstattung (s. S. 14 ff.) bis zur Gegenwart ergänzen muß, sind die bibliographischen Voraussetzungen für die Ermittlung einer Einzelfrage günstiger gegeben, als es auf anderen Teilgebieten der Fall ist.

b) Frühdruckzeit und 16. Jahrhundert

Die Erforschung der Inkunabeln, der frühesten gedruckten Bücher aus der Zeit, als die Druckkunst noch in der Wiege lag, hat eine lange Tradition. Von der bibliographischen Erschließung kann auch der Germanist sehr profitieren, der Drucke aus der Zeit von 1450–1500 sucht. Das wichtigste, aber noch lange nicht abgeschlossene Werk ist der *Gesamtkatalog der Wiegendrucke*, der seit 1925 bearbeitet wird (Nr. 35). Zur Ergänzung liegen viele Inkunabelkataloge vor, über die man sich ebenso wie über die Sekundärliteratur an Hand der Bibliographie von SEVERIN CORSTEN *Der Buchdruck im 15. Jahrhundert* (1988; Nr. 36) informieren kann.

Für die deutschsprachigen frühen Drucke bis 1526 ist immer noch ein älteres Werk von Nutzen: GEORG WOLFGANG PANZER *Annalen der ältern deutschen Litteratur* (1788–1885; Nr. 37).

Die bibliographische Erschließung des 16. Jahrhunderts ermöglicht inzwischen einen guten Zugang zu den literarischen Texten und zur Forschungsliteratur. Die gedruckten Bücher sind weitgehend beschrieben und mit Bibliothekssignaturen nachgewiesen in dem *Verzeichnis der im deutschen Sprachbereich erschienenen Drucke des XVI. Jahrhunderts (VD 16)*

(Nr. 38), das von der Bayerischen Staatsbibliothek München in Verbindung mit der Herzog August Bibliothek Wolfenbüttel bearbeitet wurde. Hilfreich ist inzwischen zur Ergänzung der von A. F. Johnson zusammen mit V. Scholderer erarbeitete *Short-Title Catalogue of books printed in the German speaking Countries... 1455 to 1600, in the British Museum* (1962; Nr. 39). Ferner liegen für einzelne Autoren vorzüglich gearbeitete Bibliographien vor.

Nicht nur leistet der zweite Band des »Goedeke« noch nützliche Dienste, sondern vor allem steht die außerordentlich reichhaltige, bis 1960 fortgeführte *Bibliographie zur deutschen Geschichte im Zeitalter der Glaubensspaltung 1517 bis 1585* von Karl Schottenloher (1956–1958, 1966; Nr. 40) zur Verfügung, die auch dem Literaturhistoriker eine Fülle an Materialien nachweist. Die Forschungsliteratur für den Zeitraum von 1450 bis 1600 verzeichnet inzwischen der 1. Band der Abteilung B der Reihe II des von Hans-Gert Roloff herausgegebenen biographischen und bibliographischen Lexikons *Die deutsche Literatur* (Nr. 11), erschienen 1985.

c. Barock

Wenngleich ein Verzeichnis der Drucke des 17. Jahrhunderts noch nicht in Angriff genommen wurde, ist das Zeitalter des Barock für die literaturwissenschaftliche Forschung seit einiger Zeit gut erschlossen. Zunächst ist das außerordentlich erweiterte Quellenwerk von Gerhard Dünnhaupt *Personalbibliographien zu den Drucken des Barock* (2. Aufl. 1990–1993; Nr. 41) hervorzuheben, das die Werke von 180 Autoren des Barock ausführlich und aufgrund von Autopsie in ihren verschiedenen Ausgaben beschreibt. Für das Studium der Barockliteratur stellt dieses bibliographische Handbuch eine vorzügliche Quellengrundlage dar. Die Editionen und Reprints 1945–1975 verzeichnet ergänzend Karl-Heinz Habersetzer *Bibliographie zur deutschen Barockforschung* (1978; Nr. 42).

Eine reiche Fülle barocker Titel bietet der umfangreiche, von Martin Bircher begründete, von Thomas Bürger fortgeführte und vollendete, demnächst durch Register erschlossene Titelblattkatalog *Deutsche Drucke des Barock 1600–1720 in der Herzog August Bibliothek Wolfenbüttel* (Bd. 1 ff. 1977 ff.; Nr. 43), der mehr als 30 000 Bücher in deutscher Sprache aus allen Gebieten verzeichnet. Die Wiedergabe der barocken Titelblätter regt zur Betrachtung und Lektüre an. Zwei kleinere amerikanische Barocksammlungen sind ebenfalls durch gedruckte Kataloge erschlossen: CURT VON FABER DU FAUR *German Baroque Literature* (1958–1969; Nr. 44) und HAROLD JANTZ *German Baroque Literature* (1974; Nr. 45).

Eine bibliographische Bilanz der nach dem ersten Weltkrieg einsetzenden Barockforschung wurde von HANS PYRITZ angeregt, aber erst Jahrzehnte später von ILSE PYRITZ verwirklicht, ein Handbuch, das REINER BÖLHOFF bearbeitet: *Bibliographie zur deutschen Literaturgeschichte des Barockzeitalters* (1979 ff.; Nr. 46). Das materialreiche Werke läßt sich ergänzen durch die laufende Barockbibliographie, die BARBARA STRUTZ für die *Wolfenbütteler Barock-Nachrichten* zusammenstellt (Jg. 1 ff. 1974 ff.; Nr. 47).

Eine schwierig zu ermittelnde Literaturform sind die gedruckten oder edierten Briefe: sie wurden für das 17. Jahrhundert von MONIKA ESTERMANN in einem umfangreichen Repertorium gesammelt: *Verzeichnis der gedruckten Briefe deutscher Autoren des 17. Jahrhunderts* (1992–1993; Nr. 48).

d. Das 18. Jahrhundert

Die literaturwissenschaftliche Erforschung der Aufklärung hat bisher noch keinen bibliographischen Niederschlag in einer Epochenbibliographie gefunden. Nach wie vor ist der umfangreiche, in 3. Auflage 1916 erschienene Bd. 4, I des GOEDEKE (Nr. 4) in zwei umfangreichen Teilbänden eine ausgezeichnete bibliographische Grundlage, die sich durch die periodischen Bibliographien bis zur Gegenwart fortentwickeln läßt. Außerdem kann man für die Zeit ab 1750 auf die spezielle periodische *Internationale Bibliographie zur deutschen Klassik 1750–1850* (Nr. 49) für den Berichtszeitraum ab 1960 zurückgreifen.

Auf Bibliographien zu einzelnen Literaturgattungen im 18. Jahrhundert wird im nächsten Abschnitt einzugehen sein (vgl. S. 29 ff.). Dagegen sollen die später zu beschreibenden allgemeinen Zeitschriftentitelbibliographien hier genannt werden, da die Periodika gerade im Zeitalter der Aufklärung eine wichtige Erscheinungsform auch der Literatur darstellen: die *Bibliographie der germanistischen Zeitschriften* von CARL DIESCH (1927; Nr. 303) und JOACHIM KIRCHNERS dreibändige *Bibliographie der Zeitschriften des deutschen Sprachgebiets bis 1900* (1969–1989; Nr. 304). Der erste Band verzeichnet ausführlich die Zeitschriften der Aufklärung.

Eine inhaltliche Erschließung der 170 wichtigsten Zeitschriften zwischen 1750 und 1815 erfolgte durch die Bearbeitung des Göttinger *Index deutschsprachiger Zeitschriften 1750–1815* (1990; Nr. 50). Nach der Mikrofiche-Ausgabe erscheint die Bibliographie auch in Buchform. Sie ist für den Germanisten, der sich mit diesem Zeitraum beschäftigt, eine Fundgrube an bibliographischen Quellennachweisen. Die Zeitschriften der Berliner Spätaufklärung wurden außerdem von PAUL HOCKS und PETER SCHMIDT erschlossen in ihrem *Index zu deutschen Zeitschriften der Jahre 1773–1830* (Nr. 51).

e. Goethezeit

Da sich das Forschungsinteresse der deutschen Literaturwissenschaft lange Zeit auf die sog. Goethezeit konzentrierte, die Periode von 1770–1832, so liegen für diesen Zeitraum auch die besten bibliographischen Grundlagen vor. Das gilt zunächst für die Autoren dieser Zeit, die durch die Bände 4–17 von KARL GOEDEKE *Grundriß zur Geschichte der deutschen Dichtung* (Nr. 4) bibliographisch hervorragend aufgearbeitet sind. Für die »großen Autoren« wie Goethe, Schiller, Herder, Lessing, Wieland etc. liegen außerdem selbständige Personalbibliographien vor (vgl. S. 100 f.). Zur zeitlichen Ergänzung ist wiederum die schon erwähnte *Internationale Bibliographie zur deutschen Klassik 1750–1850* (Nr. 49) heranzuziehen.

Die Erstdrucke stellt man im allgemeinen auch nach dem »Goedeke« fest. Für die Sturm- und Drang-Dichter zieht man besser die leider Fragment gebliebene *Bibliographie der Originalausgaben deutscher Dichtungen im Zeitalter Goethes* von ERNST SCHULTE-STRATHAUS (Nr. 52) zu Rate. Die bibliophilen Zwecken dienende Bibliographie der »wichtigsten Erst- und Originalausgaben von etwa 1750 bis 1880« von LEOPOLD BRIEGER und HANS BLOESCH (Nr. 53) leistet zu erster Orientierung für Autoren des 19. Jahrhunderts bessere Dienste als für die der Goethezeit.

Ein zwar vom »Goedeke« so gut wie aufgearbeitetes, aber in Notfällen dennoch nützliches Nachschlagewerk bleibt JOHANN GEORG MEUSEL *Das gelehrte Teutschland* (Nr. 54), der Vorläufer des »Kürschner« in der klassischen Zeit. Dieses Schriftstellerlexikon, das in 5. Auflage in mehreren Alphabeten die zeitgenössischen Autoren mit ihren Werken aufführt, ist reich an äußerst entlegenen Hinweisen auf Vorreden, Einleitungen, Mitarbeit an Zeitschriften usw. Wenn der »Goedeke« versagt, so versäume man bei Forschungen nach gedruckten Quellen eines Autors dieses Zeitraums nicht, sich in das für die Zeit einzigartige Quellenwerk von Meusel zu vertiefen. Es wird durch einen 1979 erschienenen Registerband erschlossen (Nr. 54). Noch ein anderes, den Forscher immer wieder anregendes Werk enthält vielfach unausgeschöpftes biographisches und bibliographisches Material, zu sehr eingehenden Artikeln verarbeitet: KARL HEINRICH JÖRDENS *Lexikon deutscher Dichter und Prosaisten* (1806–1811; Nr. 55).

Ein »Geheimtip« ist das von JOHANN SAMUEL ERSCH bearbeitete *Allgemeine Repertorium der Literatur* (1793–1807; Nr. 56), das die zwischen 1785 und 1800 erschienene Literatur, also das gesamte zeitgenössische Schrifttum der Klassik, systematisch, mit vorbildlichen Titelaufnahmen und – was entscheidend wichtig ist – unter Beifügung der Rezensionen verzeichnet.

Die Almanache und Taschenbücher des 18. und 19. Jahrhunderts, in denen man die Erstveröffentlichungen von Dichtungen vielfach nachweisen kann, sind ebenfalls in einer Bibliographie, zwar nicht in größter Vollständigkeit, wohl aber sehr reichhaltig erfaßt: HANS KÖHRING *Bibliographie der Almanache, Kalender und Taschenbücher* (1929; Nr. 57). Für den Nachweis der in einzelnen Almanachen gedruckten Beiträge kann man mit Erfolg für die klassische Zeit Goedekes Grundriß in verschiedenen Bänden (Titel der Almanache im Register!) heranziehen. Die *Almanache der Romantik* hat RAIMUND PISSIN innerhalb der *Bibliographischen Repertorien*, die H.H. HOUBEN herausgab, bis ins kleinste Detail erschlossen (1910; Nr. 58).

Diese Repertorien verdienen überhaupt unsere besondere Aufmerksamkeit. Für die Goethezeit erschließen sie in vorbildlichen, umfangreichen Registern eine Fülle von Personen- und Sachbezügen. Der Germanist wird auf ein riesiges Quellenmaterial verwiesen, dessen Erschließung nur durch solche Repertorien erfolgen kann. Im einzelnen liegen vor: HEINRICH HUBERT HOUBEN *Zeitschriften der Romantik* (1904; Nr. 59); KARL LINNEBACH *Denkwürdigkeiten der Befreiungskriege* (1912; Nr. 60); H.H. HOUBEN *Zeitschriften des Jungen Deutschlands* (1906–1909; Nr. 61). Auf den Göttinger *Index deutschsprachiger Zeitschriften* 1750–1815 (Nr. 50), der diese Tradition aufnimmt, wurde im vorigen Abschnitt eingegangen.

f. Das 19. Jahrhundert

Für diese Epoche, die Zeit von 1830–1880, ist die bibliographische Lage nach wie vor ungünstig: die Neue Folge des »Goedeke« (Nr. 4), die einmal den Hauptabschnitt 1830–1880 ausfüllen soll, steckt noch in den Anfängen. Allerdings besteht die Hoffnung, daß die Neubearbeitung (vgl. S. 11) in absehbarer Zeit die empfindliche Lücke schließen wird. Der Torso-Band (S. 29–123) enthält eine umfassende Bibliographie der Literatur über die deutsche Dichtung im Zeitraum 1830 bis 1880. Auch findet man in den letzten Bänden des »Goedeke« der alten Folge zahlreiche Autoren, die mit ihren Werken in das 19. Jh. hinüberreichen. Erschienen sind zahlreiche Personalbibliographien (vgl. S. 102 f.).

Eine laufende Spezialbibliographie erschien für die Berichtszeit 1947–1960 in Amerika: *German literature of the nineteenth century 1830–1880*, seit 1947 erschienen in *Modern Language Forum*, 1953–1960 in der *Germanic Review* (Nr. 62). Im übrigen muß man, von den allgemeinen abgeschlossenen oder periodischen Bibliographien (vgl. 1.2 und 1.3) abgesehen, auf einige ältere Hilfsmittel zurückgreifen. So sammelte Franz Brümmer in seinem *Lexikon der deutschen Dichter und Prosaisten von Beginn des 19. Jahrhunderts bis zur Gegenwart* (6. Aufl. 1913; Nr. 63) zahlreiche bibliographische Materialien, die den biographischen Artikeln nachgestellt sind. Für die Schriftstellerinnen dieser Epoche leistet noch gute Dienste Sophie Pataky *Lexikon deutscher Frauen der Feder*, eine Zusammenstellung der seit dem Jahre 1840 erschienenen Werke weiblicher Autoren (Nr. 64). Im übrigen muß man sich auf den »Körner«, die »Internationale Bibliographie« und den für das 19. Jh. sehr ausführlichen »Kosch« zurückziehen und die periodischen Bibliographien zu Hilfe nehmen, wenn keine Spezialbibliographien zu einzelnen Dichtern vorliegen.

Dagegen sind die Zeitschriften des 19. Jahrhunderts in zwei hervorragenden Bibliographien von Alfred Estermann erschlossen worden: *Die deutschen Literatur-Zeitschriften 1815–1850* (1978–1981; Nr. 65). Das Werk verzeichnet nicht nur exakt und ausführlich 2200 Zeitschriften literarischen Charakters mit den Standortnachweisen, sondern führt darüber hinaus alle Beiträger zu den einzelnen Periodika namentlich auf. Dem Benutzer bleibt aber die Suche nach den Beiträgen dieser Autoren nicht erspart: sie konnte von einem Bibliographen nicht geleistet werden.

Das zweite Werk von ALFRED ESTERMANN *Die deutschen Literatur-Zeitschriften 1850–1880* (1988–1989; Nr. 66) verzichtet auf die Nennung der Beiträger, beschreibt dagegen aber 3000 literarische und auch Literatur betreffende Periodika aus der zweiten Jahrhunderthälfte, einer Epoche, die in ihrer ganzen Breite literarischer Aktivitäten noch unerforscht ist.

Endlich ist an dieser Stelle das Repertorium von FRITZ SCHLAWE *Die Briefsammlungen des 19. Jahrhunderts* (1969; Nr. 67) zu nennen, das die Fülle der Briefe, die im 19. Jh. geschrieben und später ediert wurden, nach Schreibern, Empfängern und Daten erschließt.

g. Literatur 1880–1945

Sehr problematisch ist auch die bibliographische Lage für die Zeit vom Naturalismus bis zum Ende des Zweiten Weltkrieges. Hier fehlt bisher ein bibliographisches Werk für den Gesamtzeitraum, eine vollständige Verzeichnung der Autoren mit ihren Werken wie eine Sichtung der bisherigen sehr umfangreichen Forschungsliteratur. So wird man, von den allgemeinen bibliographischen Werken ausgehend, die periodischen Hilfsmittel und Personalbibliographien konsultieren, um sich einen Überblick über die erschienene Sekundärliteratur zu verschaffen.

HERMANN KUNISCH gab 1969–1970 ein *Handbuch der deutschen Gegenwartsliteratur* in zweiter Auflage heraus (Nr. 68), das von HERBERT WIESNER u. d. T. *Lexikon der deutschsprachigen Gegenwartsliteratur* (1981; Nr. 69) neubearbeitet wurde. In dieser Form werden den fast 500 Autorenartikeln bibliographische Verzeichnisse der selbständig und unselbständig erschienenen Werke angehängt, auch wird die wichtigste Sekundärliteratur zu den Schriftstellern mitgeteilt, so daß eine hilfreiche Einführung in die deutsche Literatur des 20. Jahrhunderts vorliegt. Zur Ermittlung weiterer Autoren wird man auf die Werklisten in Kürschners *Deutschem Literatur-Kalender* (Nr. 70) zurückgreifen müssen, der die lebenden Autoren seit 1879 aufgrund von Erhebungen mittels Fragebogen mit ihren Veröffentlichungen nennt. Von großem Nutzen sind auch die beiden Nekrologbände des »Kürschner« für die Zeit von 1901–1970 (Nr. 71). Gute Dienste leistet das *Deutsche Dichterlexikon* von GERO VON WILPERT (3. Aufl. 1988; Nr. 15).

Wertvoll und wenig bekannt sind die bibliographischen

Nachweise besonders von Zeitschriften- und Zeitungsaufsätzen zur modernen Literatur im *Literarischen Echo* (1898–1943, seit 1925 u.d.T. *Die Literatur*; Nr. 72) und später in der *Schönen Literatur* (1924 bis 1943, seit 1930 u.d.T. *Die Neue Literatur*; Nr. 73), die außerdem die höchst nützlichen Bibliographien zu einzelnen zeitgenössischen Autoren enthält, die von Ernst Metelmann bearbeitet wurden.

Die *Autobiographien zur deutschen Literatur, Kunst und Musik 1900–1965* hat Ingrid Bode (1966; Nr. 74) verzeichnet und die wichtigeren darin vorkommenden Namen in einem alphabetischen Repertorium zusammengestellt. Für Quellenforschungen ist das Buch inzwischen unentbehrlich geworden. Es ersetzt für unser Jahrhundert das den Germanisten meist unbekannte, zwar dilettantisch gearbeitete, aber in Ermangelung eines besseren Nachschlagewerkes nützliche Buch *Die besten deutschen Memoiren. Lebenserinnerungen und Selbstbiographien aus sieben Jahrhunderten*, zusammengestellt von M. Westphal (1923; Nr. 75), eine Sammlung von Inhaltsangaben mit Aufführung der wichtigsten in den Memoiren vorkommenden Personen, die in verschiedenen Registern zu finden sind.

Ein fünfbändiges Repertorium *Deutsche literarische Zeitschriften 1880–1945* wurde von Thomas Dietzel und Hans-Otto Hügel (1988; Nr. 76) herausgegeben. Es erschließt 3341 Titel als Quellen der Literaturgeschichte.

Die deutsche Literatur ab 1880 ist in der Bibliothek des Deutschen Literaturarchivs in Marbach a.N. nicht nur in ihren Texten hervorragend gesammelt, sondern auch in einem differenzierten Katalogsystem erschlossen worden. Hier findet man in den sehr umfangreichen Zettelkatalogen die Primär- und Sekundärliteratur, die selbständig und unselbständig erschienenen Veröffentlichungen aufgeschlüsselt, so daß dem Germanisten, der über die allgemeinen Bibliographien hinaus Literatur sucht, eine Fahrt nach Marbach zu empfehlen ist.

Der Verfasser dieser Einführung hat in drei bibliographischen Werken versucht, jedenfalls die Quellen eines Teilgebiets der modernen deutschen Literatur, des Expressionismus, zu erschließen: das erste Werk – Paul Raabe *Die Autoren und Bücher des literarischen Expressionismus* (2. Aufl. 1991; Nr. 77) – verzeichnet 350 Autoren mit ihren selbständig erschienenen Werken, die in einem Repertorium nach verschiedenen Gesichtspunkten gesichtet werden. Die Erschließung der hundert Zeitschriften des Expressionismus ging diesem bibliographischen Handbuch voraus: PAUL RAABE *Die Zeitschriften und Sammlungen des literarischen Expressionismus* (1964; Nr. 78). Aufgrund dieser Bibliographie erfolgte die Aufschlüsselung der ca. 37 000 Beiträge in dem umfangreichen Repertorium: PAUL RAABE *Index Expressionismus 1910–1925* (Bd. 1–18. 1972; Nr. 79). Übrigens wurden diese Zeitschriften komplett in den 70er Jahren nachgedruckt, so daß die sonst so seltenen expressionistischen Zeitschriften allgemein zugänglich sind.

Auch die Exilliteratur von 1933–1945 ist ein Forschungsgebiet, das bibliographisch inzwischen gut erschlossen ist. Das erste Werk von WILHELM STERNFELD und EVA TIEDEMANN *Deutsche Exil-Literatur 1933–1945. Eine Bio-Bibliographie* (1962; Nr. 80) ist vielfach ergänzt worden. Das dreibändige, großformatige *Biographische Handbuch der deutschsprachigen Emigration nach 1933*, das WERNER RÖDER und HERBERT A. STRAUSS herausgaben (1980–1983; Nr. 81), umfaßt mehr als 9000 biographische und bibliographische Nachweise. Der zweite Band betrifft auch die Schriftsteller. Auch die periodischen Exilschriften wurden umfassend beschrieben: LIESELOTTE MAAS *Handbuch der deutschen Exilpresse 1933–1945* (Bd. 1–3. 1976–1981; Nr. 82).

h. Literatur seit 1945

Zur Ermittlung der Sekundärliteratur zu den Autoren bietet sich die Durchsicht des allgemeinen bibliographischen Werkes von CLEMENS KÖTTELWESCH (Nr. 10) an mit der periodischen Fortsetzung seiner *Bibliographie zur deutschen Sprach- und Literaturwissenschaft* (Nr. 28). Ein vorzügliches bibliographisches Hilfsmittel ist HEINZ LUDWIG ARNOLDS *Kritisches Lexikon zur deutschsprachigen Gegenwartsliteratur* (1978ff.; Nr. 83), das als Loseblattausgabe geliefert wird, Informationen über Gegenwartsautoren enthält und viele bibliographische Nachweise bringt. Auch das von MANFRED BRAUNECK herausgegebene *Autorenlexikon deutschsprachiger Literatur des 20. Jahrhunderts* (1991; Nr. 84) kann an dieser Stelle empfohlen werden: es ist ein handliches Taschenbuch, das 1000 Autoren biographisch und bibliographisch verzeichnet.

Über die Autoren der früheren DDR und ihre Werke informiert das Handbuch *Schriftsteller der DDR*, bearbeitet von KURT BÖTTCHER und anderen (2. Aufl. 1975; Nr. 85). Entsprechende Werke liegen für Österreich und die Schweiz vor: HANS GIEBISCH/GUSTAV GUGITZ *Bio-bibliographisches Litera-

turlexikon Österreichs (1964; Nr. 86) und das von BRUNO ST.
SCHERER herausgegebene Werk *Innerschweizer Schriftsteller*
(1977; Nr. 87). Schließlich sei das zweibändige *Lexikon der
Weltliteratur im 20. Jahrhundert* (3. Aufl. 1965–1966; Nr. 88)
erwähnt, in dessen Rahmen auch die Werke deutschsprachiger
Autoren zu finden sind.

Endlich kann noch auf die Fortsetzung eines schon genann-
ten Werkes hingewiesen werden: BERNHARD FISCHER und
THOMAS DIETZEL *Deutsche literarische Zeitschriften 1945–1970.
Ein Repertorium* (1992; Nr. 89).

5. Spezielle Fachbibliographien

Bibliographische Angaben s. S. 94–97.

In diesem Kapitel sind einige spezielle Fachbibliographien
zu nennen, die sachlich begrenzte Forschungsbereiche der
deutschen Literaturwissenschaft betreffen: die Gattungsge-
schichte, die Stoff- und Motivgeschichte, weitere problemge-
schichtliche Fragestellungen. In allen Fällen kann man zunächst das wichtigste Handbuch unserer Disziplin zu Rate
ziehen: das im späteren Zusammenhang zu beschreibende
Reallexikon der deutschen Literaturgeschichte in der 2. neubear-
beiteten Auflage (Nr. 324). Die dortigen Literaturangaben
kann man für alle literaturwissenschaftlichen Sachbezüge zum
Ausgang einer Recherche nehmen, da sie im allgemeinen den
neuesten Forschungsstand (bei Erscheinen des jeweiligen Bandes!) referieren.

a) Gattungen.

Für einzelne Gattungen gibt es inzwischen unterschiedlich
angelegte und begrenzte Bibliographien. Für die Lyrik beziehen sich zwei Werke auf die Literatur nach 1945 und können
nebeneinander benutzt werden: ROLF PAULUS und URSULA
STEULER *Bibliographie zur deutschen Lyrik nach 1945* (2. Aufl.
1977; Nr. 90) und HANS-JÜRGEN SCHLÜTTER *Lyrik – 25 Jahre.
Bibliographie der deutschsprachigen Lyrikpublikationen 1945–
1970* (1974–1983; Nr. 91). Zur Ermittlung von Verfassern
kann hilfreich sein: ANNELIESE DÜHMERT *Von wem ist das
Gedicht?* (1969; Nr. 92).

Auch für das Drama liegen nur Teilbibliographien vor. Die
wichtigste Sekundärliteratur zum 17. Jahrhundert verzeichnet

GERNOT UWE GABEL *Drama und Theater des deutschen Barock* (1974; Nr. 93). Das Jesuitendrama des 16.-18. Jahrhunderts wurde der Forschung in einem zweibändigen chronologischen Repertorium erschlossen: JEAN-MARIE VALENTIN *Le Théâtre des Jesuites dans les pays de langue allemande* (1983-1984; Nr. 94). Um die Erschließung des Dramas im 18. Jahrhundert hat sich REINHART MEYER große Verdienste erworben. Seiner Bibliographie *Das deutsche Trauerspiel des 18. Jahrhunderts* (1977; Nr. 95) folgt die umfassende, in vielen Bänden im Erscheinen begriffene *Bibliographia dramatica et dramaticorum* (1986 ff.; Nr. 96), die in mehreren Abteilungen die bisher völlig unbekannte Fülle der Dramenproduktion des 18. Jahrhunderts aufgrund reicher Quellensammlungen sichten wird. Schließlich ist für den Expressionismus auf eine ältere Bibliographie zu verweisen: CLAUDE HILL und RALF LEY *The drama of German expressionism* (1960; Nr. 97).

Das Höspiel ist bibliographisch durch zwei fast gleichzeitig erschienene Werke gut erschlossen: HERMANN KECKEIS *Das deutsche Hörspiel 1923-1973* (1973; Nr. 98) und UWE ROSENBAUM *Das Hörspiel* (1974; Nr. 99).

Die bibliographische Sichtung der umfangreichen Romanliteratur steht erst in den Anfängen. Zwei Werke liegen vor: ERNST WEBER und CHRISTINE MITHAL *Deutsche Originalromane zwischen 1680 und 1780* (1983; Nr. 100) und MICHAEL HADLEY *Romanverzeichnis. Kritische Bibliographie der zwischen 1750 und 1800 erschienenen Erstausgaben* (1977; Nr. 101). Eine bedeutende Gattungsform, die literarischen Utopien nicht nur des deutschen Sprachgebiets, wurde für die Zeit von der Antike bis zur Frühaufklärung von MICHAEL WINTER *Compendium Utopiarum* (1978; Nr. 102) mustergültig und fast erschöpfend erschlossen.

Die bibliographische Erschließung der sog. Volksbücher ist erheblich vorangekommen. Das bibliographische Werk von PAUL HEITZ und FRANZ RITTER *(Versuch einer Zusammenstellung der deutschen Volksbücher des 15. und 16. Jahrhunderts nebst deren späteren Ausgaben und Literatur.* (Straßburg 1924) wird neu bearbeitet von BODO GOTZKOWSKY *»Volksbücher«. Prosaromane, Renaissancenovellen, Versdichtungen und Schwankbücher* (1991 ff.; Nr. 103).

Gute Dienste zum »Nachweis von Verfassern deutscher Literaturwerke« leistet nach wie vor MAX SCHNEIDER *Deutsches Titelbuch* (1927; Nr. 104), das für die Zeit von 1915-1965 von HANS-JÖRG AHNERT (1966; Nr. 105) fortgesetzt wurde.

Auf das Werk von ANNELIESE DÜHMERT, das sich auf die Lyrik in dieser Form bezieht, wurde bereits hingewiesen.

An dieser Stelle ist es nützlich, auf zwei praktische Hilfsmittel aufmerksam zu machen, die die Interpretationen von literarischen Texten – Gedichten, Dramen, Romanen, Erzählungen – zu didaktischen Zwecken bibliographisch erfassen: REINHARD SCHLEPPER *Was ist wo interpretiert?* (1980; Nr. 106) und vor allem das 7bändige *Quellenlexikon der Interpretationen und Textanalysen* von HEINER SCHMIDT (1984; Nr. 107), das sich durch einen großen Reichtum an Nachweisen auszeichnet.

b) Rhetorik, Emblematik.

Rhetorik und Emblematik werden seit einigen Jahrzehnten sehr intensiv erforscht. Eine zusammenfassende Bibliographie zur Rhetorikforschung im deutschsprachigen Raum 1945–1980 bearbeiteten ROBERT JAMISON und JOACHIM DYCK: *Rhetorik – Topik – Argumentation* (1983; Nr. 108), die im Jahrbuch *Rhetorik* periodisch fortgeführt wird.

Zur Emblematikforschung erschienen nach dem Standardwerk von ARTHUR HENKEL und ALBRECHT SCHÖNE *Emblemata. Handbuch zur Sinnbildkunst des XVI. und XVII. Jahrhunderts* (1976; Nr. 109), das eine umfangreiche Bibliographie enthält, mehrere Kataloge und Bibliographien, auf die pauschal hingewiesen werden soll (Nr. 110–114).

c) Frauenliteratur.

Ein relativ junges Forschungsgebiet ist die Untersuchung und Darstellung der schreibenden Frauen und ihrer Werke. Ein bibliographisches »pilot project« ist das Lexikon von JEAN M. WOODS und MARIA FÜRSTENWALD *Schriftstellerinnen, Künstlerinnen und gelehrte Frauen des deutschen Barock* (1984; Nr. 115). Neben allgemeinen bibliographischen Werken sind drei Schriftstellerinnenlexika als Einstieg in die Ermittlung der Frauenliteratur des 18. und 19. Jahrhunderts zu nennen: ELISABETH FRIEDRICHS *Die deutschsprachigen Schriftstellerinnen des 18. und 19. Jahrhunderts* (1981; Nr. 116), die älteren Lexika von CARL VON SCHINDEL *Die deutschen Schriftstellerinnen des 19. Jahrhunderts* (1823–1825; Nr. 117) sowie das schon erwähnte *Lexikon deutscher Frauen der Feder* (1898; Nr. 64).

d) Kinder- und Jugendliteratur.

Auch die bibliographische Erfassung der Kinder- und Jugendliteratur, deren Erforschung ebenfalls in den letzten Jahrzehnten von Germanisten gefördert wurde, hat erfreuliche Fortschritte gemacht. Das von THEODOR BRÜGGEMANN herausgegebene *Handbuch der Kinder- und Jugendliteratur* (1982–1991; Nr. 118) ist ein bibliographisches Standardwerk, das nicht nur die wesentlichen Kinder- und Jugendbücher von 1500 bis 1800 bibliographisch erfaßt, sondern auch historisch vorbildlich beschreibt.

Zwei Bibliographien erfassen die Kinder- und Jugendliteratur insgesamt: HEINZ WEGEHAUPT *Alte deutsche Kinderbücher. Bibliographie 1507–1850* (1979–1985; Nr. 119), ein Werk, dem die reiche Kinderbuchsammlung der Staatsbibliothek Berlin zugrunde liegt, und das im Erscheinen begriffene Gesamtverzeichnis von AIGA KLOTZ *Kinder- und Jugendliteratur in Deutschland 1840–1950* (1990 ff.; Nr. 120). Alle drei Werke können der Forschung zahlreiche Anregungen geben.

e) Literarisches Leben.

Literatursoziologische und buchgeschichtliche Fragestellungen lassen sich mit einer hilfreichen Bibliographie beantworten: EVA D. BECKER und MANFRED DEHN *Literarisches Leben* (1968; Nr. 121). Eine periodische Fortführung erscheint im *Internationalen Archiv für Sozialgeschichte der deutschen Literatur* (Jg. 1 ff. 1976 ff.; Nr. 122). Auch die von ERDMANN WEYRAUCH herausgegebene *Wolfenbütteler Bibliographie zur Geschichte des Buchwesens 1840–1980* (1990 ff.; Nr. 123) kann als instruktives Hilfsmittel herangezogen werden. Eine aktuelle Information nach 1980 gewährleistet die mustergültig von HORST MEYER herausgegebene *Bibliographie zur Buch- und Bibliotheksgeschichte* (1981 ff.; Nr. 124).

f) Stoff- und Motivforschung.

Für die Stoff- und Motivforschung liegt eine Bibliographie vor, die die Sekundärliteratur dieses Teilgebietes der Literaturwissenschaft, wie es der Positivismus verstand, zusammenstellt: FRANZ ANSELM SCHMITT *Stoff- und Motivgeschichte der deutschen Literatur. Eine Bibliographie* (3. Aufl. 1976; Nr. 125). Sie ersetzt das ältere Werk, das KURT BAUERHORST 1932 herausgab. Nach alphabetischen Schlagworten angeordnet, werden die Veröffentlichungen verzeichnet, die sich auf Stoffe und Motive in der deutschen Literatur beziehen.

Neben diesem Werk gibt es mehrere nützliche, von Bibliothekaren bearbeitete Bibliographien, die die erzählerische Behandlung verschiedener Stoffkomplexe lexikalisch erfassen: ARTHUR LUTHER *Deutsches Land in deutscher Erzählung* (1936; Nr. 126) und vom selben Verfasser *Deutsche Geschichte in deutscher Erzählung* (1940; Nr. 127), beide Werke zusammengefaßt von ARTHUR LUTHER und HEINZ FRIESENHAHN *Land und Leute in deutscher Erzählung* (1954; Nr. 128), ferner FRANZ ANSELM SCHMITT *Beruf und Arbeit in deutscher Erzählung* (1952; Nr. 129). Diese literarischen Lexika werden noch ergänzt durch die vielfachen Hinweise auf dichterische Behandlung von Stoffen oder Themen, die WILHELM KOSCH in der 2. Auflage seines *Deutschen Literatur-Lexikons* (Nr. 12) mitteilte.

6. Personalbibliographien

Bibliographische Angaben s. S. 97–105.

Um die Literatur zu einem Autor, seine eigenen Schriften wie auch die Arbeiten über ihn bibliographisch zu ermitteln, muß man die sogenannten Personalbibliographien zu Rate ziehen, die eine eigene bibliographische Gattung darstellen. Es sind personenbezogene Fachbibliographien. Man ermittelt, ob eine Bibliographie zu dem gesuchten Autor existiert, denn sie erspart viel mühseliges Nachschlagen. Zur Beantwortung der Frage, ob zu einem Dichter oder Schriftsteller ein solches Hilfsmittel vorliegt, geht man von Bibliographien der Personalbibliographien aus. Diese Nachschlagewerke heißen mißverständlicherweise auch wieder »Personalbibliographie«. Das wichtigste Standardwerk ist die *Internationale Personalbibliographie* von MAX ARNIM und FRANZ HODES (1944–1987; Nr. 130), in der Schriftsteller allerdings nur für den Zeitraum 1800–1986 mit den auf sie bezogenen Personalbibliographien verzeichnet sind. Für den Germanisten ist deshalb als Grundwerk die *Personalbibliographie zur deutschen Literaturgeschichte* von JOHANNES HANSEL (2. neubearbeitete Aufl. 1974; Nr. 131) unentbehrlich, ein schmales Nachschlagewerk, das die Personalbibliographien von 300 deutschen Dichtern und Schriftstellern aufführt und beschreibt. Bei jeder Recherche zu einem

Autor sollte man von diesem praktischen Hilfsmittel, das jeder Germanist griffbereit haben sollte, ausgehen. Angesichts der schwierigen bibliographischen Lage für das 19. Jh. wird man zusätzlich den »Arnim« befragen. Eine *Bibliographie der Personalbibliographien zur deutschen Gegenwartsliteratur* legte HERBERT WIESNER (1970; Nr. 132) vor.

Die meisten und umfangreichsten Bibliographien zu einzelnen Autoren findet man in den Bänden von Goedekes »Grundriß«, Verzeichnisse der Schriften eines Verfassers wie auch die Zusammenstellung der Literatur über ihn, aufgeführt nach dem Prinzip möglicher Vollständigkeit. Die 180 wichtigsten Autoren des Barock verzeichnet GERHARD DÜNNHAUPT in seinem umfangreichen Handbuch, das bei dem Verzicht auf allgemeine Sekundärliteratur deshalb auch korrekt *Personalbibliographien zu den Drucken des Barock* heißt (Nr. 41).

Daneben jedoch gibt es eine eigene Gattung von Monobibliographien, wie HANS VON MÜLLER diese Bibliographien einmal sehr sinnvoll genannt hat. Solche Werke, in Buchform oder an versteckter Stelle in Zeitschriften, Untersuchungen, Dissertationen, Programmen usw. veröffentlicht, sind in ihrem Aufbau, in der Auswahl, Darbietung und Aufnahmetechnik der Titel sehr verschieden: eine Skala von Bibliographien mit hohem wissenschaftlichen Anspruch bis herab zu solchen, denen jegliche bibliographische Methode mangelt. Thematisch lassen sich drei verschiedene Arten herausheben. Die größte Gruppe umfaßt Bibliographien, die sowohl die Schriften eines Autors als auch die Forschungsliteratur aufnehmen. Neben diesen kompletten Bibliographien gibt es aber auch einerseits solche, die nur die Schriften eines Autors nennen, anderseits Verzeichnisse, die sich allein auf die Forschungsliteratur beschränken.

Ein anderes Kriterium ist die Frage der Auswahl. Neben dem vom »Goedeke« mehr oder weniger verfochtenen Vollständigkeitsprinzip erscheinen Bibliographien, die ihren wissenschaftlichen Anspruch mit einer profilierten, im einzelnen begründeten Auswahl erheben. Der Bibliograph soll nicht Sklave seiner Titel sein, vielmehr ist es seine Bestimmung, die vorliegende Literatur kritisch zu sichten und nur das für die Forschung irgendwie Ertragreiche oder wissenschaftsgeschichtlich Bemerkenswerte aufzunehmen. Dadurch scheiden emphemere Zeitungsartikel, tendenziöse, pseudowissenschaftliche Veröffentlichungen, belanglose Textausgaben, Ballast jeder Bibliographie, die nur wissenschaftlichen Nutzen stiften will, aus. Die Bibliographie wird zum Forschungsinstrument. Ein Beispiel für diesen Anspruch ist die *Goethe-Bibliographie* von HANS PYRITZ (Nr. 175). Das Gegenbeispiel liefert in Fortsetzung des Goedeke die *Schiller-Bibliographie*, die WOLFGANG VULPIUS begründete (Nr. 184). Hier zeigt sich die Spannweite methodischer Möglichkeiten. Die kritische Überschau, die von Pyritz erreicht wird, geht bei der Absicht, möglichst vollständig zu verzeichnen und dem Benutzer die Entscheidung allein zu überlassen, verloren: die Bibliographie wird zwar materialreicher, aber dem Benutzer bleibt es überlassen, Spreu und Weizen zu scheiden. Doch diese Methode der Vollständigkeit hat auch ihre Berechtigung: die Bibliographie wird zu einer Statistik der Wirkungsgeschichte eines Autors. Allerdings würde man dann statt einer systematischen Anordnung, wie sie Vulpius wählte, konsequenterweise eine chronologisch-alphabetische vorziehen. Als Beispiel dafür sei die sine ira et studio dargebotene *Internationale Hölderlin-Bibliographie* (Nr. 177) genannt. Der Verzicht auf jegliche systematisierende Tendenz schafft ein bibliographisches Dokument, das durch ein Sachregister zugleich die Forschungsliteratur erschließt.

Während in einer Forschungsbibliographie im Stile der erwähnten *Goethe-Bibliographie* auf die Nennung aller Erstausgaben des Dichters verzichtet wird – statt dessen werden die kritischen Editionen aufgezählt –, gibt es anderseits wissenschaftliche Bibliographien, deren Ziel es ist, gerade die gedruckten Quellen mit äußerster Genauigkeit zu beschreiben und zu verzeichnen. Für Goethe leistete diese Arbeit vorbildlich WALTRAUD HAGEN mit ihrer Bibliographie *Die Drucke von Goethes Werken* (2. Aufl. 1983; Nr. 174). Eine exakte Beschreibung jeder Ausgabe lehrt den Benutzer, die Unterschiede einzelner Drucke zu beachten, die textgeschichtlich wichtig sind. Ein anderes Beispiel dieser Bibliographien, die ihre eigentümliche Aufgabe in der Beschreibung der Drucke sehen, ist für die Barockliteratur die vorbildliche Lohenstein-Bibliographie von HANS VON MÜLLER (Nr. 154). Für die Romantik kann man auf die Arnim- und Brentano-Bibliographien von OTTO MALLON (Nr. 169 und Nr. 170) verweisen, in denen die gleiche Treue zum Originaldruck gewahrt wird.

Gerade diese Sorgfalt in der Titelbeschreibung ist in den Bibliographien zu einzelnen Dichtern höchstes Gebot. In einer allgemeinen Bibliographie kann man die Titel kürzen (vgl. Körner), in diesen Spezialbibliographien, die als differenzierte

Arbeitsinstrumente um so schärfer justiert sein müssen, kommt es auf ganz exakte Wiedergabe der Titel an, damit sich alle Abweichungen sofort feststellen lassen können. Daß gegen dieses Gesetz leider in den Bibliographien zu modernen Dichtern allzu oft verstoßen wird, soll nur konstatiert werden. Selbstverständlich gibt es rühmliche Ausnahmen, etwa die *Rainer Maria Rilke Bibliographie* von WALTER RITZER (Nr. 225), in der es wiederum andere Probleme gibt. Die bibliographische Methode nähert sich hier einer technischen Perfektion durch Anwendung von Siglen und Chiffren, die auf Kosten der Lesbarkeit geht. Damit sei ein letztes Problem angesprochen: die äußere Gestaltung dieser Bibliographien. Übersichtlicher Druck, überschaubare Anordnung sind wertvoll und notwendig. Eine solche Bibliographie muß man nicht nur nachschlagen, sondern wirklich lesen können. Sie soll Anregungen und Wissen vermitteln, eine bibliographische Hinleitung zum Studium eines Dichters sein. Dazu bedarf es äußerlich erscheinender Hilfen.

In diesem Kapitel kam es nicht darauf an, einzelne Bibliographien zu würdigen. Vielmehr sollten einige methodische Probleme berührt werden: Gerade eine Bibliographie zu einem einzelnen Autor muß man sehr kritisch zur Hand nehmen, um selbst zu entscheiden, ob das Mitgeteilte ausreicht oder ob man nicht selbst noch einige Recherchen mit allgemeinen Hilfsmitteln nachholen muß. Häufige Benutzung schärft hier das notwendige Unterscheidungsvermögen.

Im *Bibliographischen Teil* dieser Einführung (Nr. 133–248) werden, nach den Epochen gegliedert, die selbständig erschienenen Personalbibliographien zur deutschen Literatur verzeichnet.

Vgl. Hans von Müller, Zur Methode der Bibliographie. In: Euphorion 28 (1927), S. 313–317; Jürgen Proll, Elemente und Formen der Personalbibliographien zur deutschen Literaturgeschichte. Bonn 1979.

7. Bibliographien zur vergleichenden Literaturwissenschaft

Bibliographische Angaben s. S. 106–107.

Das Forschungsgebiet der vergleichenden Literaturwissenschaft verfügt über einige vorzügliche bibliographische Werke, deren Kenntnis dem Germanisten, der einer Beziehung zur ausländischen Literatur nachgeht, von großem Nutzen ist. Die vergleichende Literaturwissenschaft geht ja nicht nur der wirkungsgeschichtlichen Wechselbeziehung der Literaturen nach, sondern ebenso werden biographische, werkgeschichtliche und geistesgeschichtliche Zusammenhänge, oft auf breiter, meist europäischer Grundlage sichtbar.

Zunächst ist auf die *Internationale Bibliographie zur Geschichte und Theorie der Komparatistik* von HUGO DYSERINCK und MANFRED S. FISCHER (1985; Nr. 249) hinzuweisen, die in chronologischer Anordnung die einschlägige Fachliteratur verzeichnet.

Diese Forschungsergebnisse wurden für die ältere Zeit von L. P. BETZ in seinem *Essai bibliographique La Littérature comparée* (1900; Nr. 250), für die Forschungen des 20. Jh.s in dem großen Standardwerk der vergleichenden Literaturwissenschaft von FERNAND BALDENSPERGER und W. P. FRIEDERICH aufgearbeitet, der *Bibliography of comparative literature* (1950; Nr. 251). Dieses Werk, das leider kein Sachregister besitzt, so daß der Benutzer nach gründlichstem Studium des Inhaltsverzeichnisses die Literatur an mehreren Stellen suchen muß, ist eine vorzügliche Fundgrube für den Literarhistoriker. Die Wechselbeziehungen zwischen deutscher und ausländischer Literatur werden in allgemeinen Veröffentlichungen und dann zu einzelnen Autoren reichlich belegt mit Publikationen, die man bibliographisch oft an keiner anderen Stelle nachweisen kann. Leider wird jede Entdeckerfreude durch die unzureichenden Titelaufnahmen getrübt.

Die Bibliographie von Baldensperger-Friederich wurde bis 1969 im *Yearbook of comparative and general literature* (1952–1969; Nr. 251) und seit 1970 in der *MLA. International bibliography* (Nr. 30) fortgeführt. Damit ist ein Arbeitsinstrument entstanden, dessen bibliographischer Nutzen besonders auch für das Auffinden entlegener Veröffentlichungen sehr groß ist.

Speziell für die deutsch-amerikanischen Kulturbeziehungen kann man zwei Spezialbibliographien benutzen (Nr. 252 und 253). Der *Index translationum* (Nr. 254) erfaßt seit 1932 die Übersetzungen aus allen Sprachen in alle Sprachen. Dagegen beschränkt sich das 12bändige *Gesamtverzeichnis der Übersetzungen deutschsprachiger Werke 1954–1990* (Nr. 255) auf die Wirkung deutscher Literatur (und weiterer Fachgebiete) im Ausland. Daneben gibt es Bibliographien, die den Einfluß der deutschen Literatur auf einzelne ausländische Sprachräume belegen, so z.B. Bibliographien deutscher Literatur in englischer Übersetzung (Nr. 256–258), in französischen, norwegischen und schwedischen Übersetzungen (Nr. 259–261).

Umgekehrt werden in unserem *Bibliographischen Teil* Werke verzeichnet, die die Wirkungen einzelner ausländischer Literaturen in deutschen Übersetzungen belegen (Nr. 262–272). Ein bekanntes Musterbeispiel ist HANS FROMM *Bibliographie deutscher Übersetzungen aus dem Französischen 1700–1948* (1950–1953; Nr. 268), ein anderes die im Erscheinen begriffene *Bibliographie der deutschen Übersetzungen aus dem Italienischen von den Anfängen bis zur Gegenwart* (1992ff.; Nr. 269).

II. Allgemeine Bibliographien

In sehr vielen Fällen reichen die Auskünfte der literaturwissenschaftlichen Fachbibliographien nicht aus. Zur exakten Wiedergabe eines Titels, zur Ermittlung des neuesten, noch nicht in die Fachbibliographien eingegangenen Schrifttums, auch überhaupt zum Nachweis erschienener Bücher, Aufsätze, Dissertationen usw. muß man auf einige allgemeine Bibliographien zurückgreifen, die den bibliographischen Apparat der wissenschaftlichen Bibliotheken darstellen. Auch der Germanist sollte mit den allerwichtigsten dieser Hilfsmittel vertraut sein.

1. Bibliographien der Bibliographien

Bibliographische Angaben s. S. 107–108.

In einer Einführung in die Bücherkunde, wie der vorliegenden, gilt Beschränkung auf das Wichtigste als oberstes Gebot. Selbstverständlich könnte man die allgemeinen bibliographischen Nachschlagewerke in ihrer Fülle beschreiben. Doch man würde den Anfänger, der sich die Buchtitel vielfach erst mühsam einprägen muß, verwirren und anderseits den Kenner dennoch unbefriedigt lassen. ›Non multa, sed multum‹ möge auch hier gelten: für die Entlastung bei Überbeanspruchung des Gedächtnisses wird in der Bücherkunde gesorgt durch sogenannte Bibliographien der Bibliographien, die man zu Hilfe rufen kann, wenn eine am Rande liegende Frage zu lösen ist, etwa die Ermittlung ausländischer Bücherlexika und Hochschulschriftenverzeichnisse, die Feststellung von Inkunabelbibliographien, gedruckten Bibliothekskatalogen oder die Informationen über Fachbibliographien der Randgebiete.

Für unsere Zwecke ist am geeignetsten das *Handbuch der bibliographischen Nachschlagewerke* von WILHELM TOTOK und ROLF WEITZEL (6. Aufl. 1984–1985; Nr. 278), ein sehr klar gegliedertes und zuverlässiges Werk, das die Allgemeinbibliographien und Fachbibliographien verzeichnet, beschreibt und in ihrer Benutzbarkeit erläutert. Das Buch sei jedem zur Ergänzung unserer so knapp wie möglich zu haltenden Ausführungen empfohlen.

Es gibt mehrere außerordentlich materialreiche Bibliographien der Bibliographien, die umfangreicher als der »Totok-Weitzel« sind. Sie seien genannt und zum Nachschlagen spezieller Bibliographien empfohlen: THEODORE BESTERMANS kompendiöse *World bibliography of bibliographies* (4. ed., 1965–66; Nr. 276), das außerordentliche Werk von L. N. MALCLÈS *Les sources du travail bibliographique* (1950 bis 1958; Nr. 275) sowie CONSTANCE M. WINCHELL *Guide to reference books* (1967–1972; Nr. 277). Für Bibliographien des 19. Jh.s sollte man wissen, daß es für diese Zwecke ein ausgezeichnetes Hilfsmittel gibt, die *Bibliotheca bibliographica* von JULIUS PETZHOLDT (1866; Nr. 273). Zum Schluß nennen wir ein Standardwerk dieses Gebiets, das *Handbuch der Bibliographie* von GEORG SCHNEIDER (5. Aufl. 1969; Nr. 274), ein Werk, das sich auf Allgemeinbibliographien beschränkt, aber von jedem Germanisten einmal zur Hand genommen sein sollte. Es ist ein sehr gelehrtes und anregendes Buch, zu jedem bibliographischen Studium wärmstens zu empfehlen.

2. Veröffentlichungen im Buchhandel

Bibliographische Angaben s. S. 108–109.

Mit den vorhandenen Bücher-Lexika lassen sich die seit 1700 in Deutschland erschienenen Bücher ohne Unterbrechung, streckenweise sogar mit mehreren Hilfsmitteln gleichzeitig, feststellen. Schwieriger ist die Lage für die beiden vorangegangenen Jahrhunderte. Die Zeit von 1450–1500 ist mit Hilfe der Inkunabel-Kataloge erschlossen: darauf wurde schon eingegangen (S. 20). Für das 16. Jahrhundert ist das im fachwissenschaftlichen Teil ebenfalls erwähnte *Verzeichnis der im deutschen Sprachbereich erschienenen Drucke des XVI. Jahrhunderts – VD 16 –* (Nr. 38) fast abgeschlossen und stellt einen vorzüglichen Nachweis der in den wichtigsten Bibliotheken vorhandenen Bücher des 16. Jahrhunderts dar. Allerdings wird das Werk erst mit den vorgesehenen Supplementbänden komplett sein.

Für das 17. Jahrhundert muß man gelegentlich, wenn spezielle Hilfsmittel versagen, auf THEOPHIL GEORGIS *Allgemeines europäisches Bücherlexikon* (1742–1758; Nr. 279) zurückgreifen, das aufgrund der seit 1564 erschienenen Meßkataloge zusammengestellt wurde. Man darf allerdings in diesen Foliobänden nicht auf Vollständigkeit hoffen. So wird daneben der Katalog *Deutsche Drucke des Barock 1600–1720 in der Herzog August Bibliothek Wolfenbüttel* (Nr. 43) empfohlen, solange das geplante »VD 17« noch nicht den Nachweis der Bücher des 17. Jahrhunderts bringt.

Mit dem Jahre 1700 setzt eine regelmäßige Berichterstattung ein. Zwar darf man für das 18. Jh. auch noch keine Vollständigkeit, wohl aber eine außerordentlich große Reichhaltigkeit erwarten. Für den Zeitraum von 1700–1910 liegt neuerdings das *Gesamtverzeichnis des deutschsprachigen Schrifttums (GV) 1700–1910* (Bd. 1–160 [nebst] Nachtr. 1979–1987; Nr. 280) vor, das die Titel aus insgesamt 178 Bücherverzeichnissen, Bibliothekskatalogen, Fachbibliographien und Hochschulschriftenverzeichnissen zu einem Alphabet kumuliert hat. Dadurch erspart man sich sehr viel Zeit und erhält außerdem Kenntnis von sehr versteckt erschienenen Publikationen, vornehmlich des 19. Jahrhunderts. Die Hauptquelle dieser »GV-alt« sind drei Bücherlexika, die hier erwähnt werden, da der Germanist sie kennen sollte, auch wenn er sie nicht mehr benutzen muß. (Allerdings: will man die Erstverzeichnung eines Buchtitels, den man im »GV-alt« gefunden hat, feststellen, so hat man die drei folgenden Werke aufgrund des Erscheinungsjahres nachzuschlagen.)

Für die Zeit von 1700–1892 existiert das *Allgemeine Bücher-Lexikon* von WILHELM HEINSIUS in 19 Bänden, erschienen 1812 bis 1894 (Nr. 281). Einem alphabetisch geordneten Grundwerk in 4 Bänden retrospektiv für die Jahre 1700–1812 folgen Mehrjahresbände. Bis 1827 werden Romane und Schauspiele jeweils in eigenen Anhängen aufgeführt, was beim Nachschlagen zu beachten ist.

Für die Jahre 1700–1750 ist der »Heinsius« die einzige brauchbare Bibliographie, dann setzte als zweites Hilfsmittel für die Jahre 1750–1910 CHRISTIAN GOTTLOB KAYSERS *Vollständiges Bücher-Lexikon* (1834–1911) ein (Nr. 282), das man wegen der größeren Zuverlässigkeit dem Heinsius vorzieht. Wiederum erschien zunächst ein retrospektives Grundwerk für die Jahre 1750–1832, erschlossen durch ein außerordentlich nützliches Sachregister. Romane und Schauspiele sind auch für diesen Zeitraum in den Anhang verwiesen. Zu den dann folgenden Mehrjahresbänden existieren erst ab 1891 weitere Sachregister. Als drittes Werk ist HINRICHS' *Bücher-*

katalog für die Jahre 1851–1912 (Nr. 283) zu nennen, der wiederum zuverlässiger als der Kayser bearbeitet ist.

Für den Zeitraum von 1911–1965 schlägt man nunmehr das *Gesamtverzeichnis des deutschsprachigen Schrifttums (GV) 1911–1965* (Bd.. 1–150. 1976–1981; Nr. 284) nach, das die mit der Gründung der Deutschen Bücherei in Leipzig 1911 einsetzende offizielle laufende Berichterstattung über die Neuerscheinungen des Buchhandels und seit 1931 auch die Neuerscheinungen außerhalb des Buchhandels zusammenfaßt. Kumuliert wurden die Fünfjahresverzeichnisse des *Deutschen Bücherverzeichnisses* und der weiteren speziellen Verzeichnisse der Deutschen Bücherei, darüber hinaus auch die nach der Gründung der Deutschen Bibliothek in Frankfurt a.M. mit 1945 einsetzende parallele Berichterstattung für den ersten Zeitabschnitt der alten Bundesrepublik. So wurde also auch die *Deutsche Bibliographie* – das Westdeutsche Fünfjahresverzeichnis – für das »GV-neu« zusätzlich ausgewertet, darüber hinaus auch die verschiedenen Verzeichnisse der Hochschulschriften.

Die Wiedervereinigung Deutschlands hat auch dem unerfreulichen Dilemma einer parallelen Berichterstattung des nationalen Schrifttums ein Ende gesetzt. So hat man es beim Bibliographieren von Büchern, die seit 1986 erschienen sind (die Kumulation 1986–1990 begann 1991 zu erscheinen!) nur noch mit einem bibliographischen Werk zu tun. Dem Germanisten wird empfohlen, für das Zwischenstück 1966–1985 die Fünfjahresbände der *Deutschen Bibliographie* (Nr. 285) nachzuschlagen und das parallele *Deutsche Bücherverzeichnis* außer acht zu lassen.

Für die Jahre 1986–1990 liegt nunmehr die *Deutsche Nationalbibliographie und Bibliographie der im Ausland erschienenen deutschsprachigen Veröffentlichungen* als Fünfjahresverzeichnis vor (Nr. 286). Um die Titel bis zum jetzigen Zeitpunkt zu ermitteln, fährt man mit den *Halbjahresverzeichnissen* der *Deutschen Nationalbibliographie* (Nr. 287) fort. Danach greift man zu dem *Wöchentlichen Verzeichnis* (Nr. 288), das die Neuerscheinungen in zwei Reihen (Reihe A: Monographien und Periodika des Verlagsbuchhandels; Reihe B: Monographien und Periodika außerhalb des Verlagsbuchhandels) zum erstenmal, gewissermaßen als Basisinformation, verzeichnet.

Die Durchsicht der *Halbjahresverzeichnisse* und des *Wöchentlichen Verzeichnisses* ist trotz der Monatsregister zu letzterem selbstverständlich zeitaufwendig. Aber wenn man

Der Aufbau der Deutschen Nationalbibliographie*

Reihe A	Wöchentliches Verzeichnis	Monographien und Periodika des Verlagsbuchhandels
Reihe B	Wöchentliches Verzeichnis	Monographien und Periodika außerhalb des Verlagsbuchhandels
Reihe C	Vierteljährliches Verzeichnis	Karten
Reihe D	Halbjahresverzeichnis	Monographien und Periodika (= Reihe A + B)
Reihe E	Fünfjahresverzeichnis	Monographien und Periodika (= Kumulation Reihe D)
Reihe F	Fünfjahresverzeichnis	Periodika
Reihe G	Vierteljährliches Verzeichnis	Fremdsprachige Germanica und Übersetzungen deutschsprachiger Werke
Reihe H	Monatliches Verzeichnis	Hochschulschriften
Reihe M	Monatliches Verzeichnis	Musikalien und Musikschriften
Reihe N	Wöchentliches Verzeichnis	Vorankündigungen Monographien und Periodika (CIP)

* Deutsche Nationalbibliographie und Bibliographie der im Ausland erschienenen deutschsprachigen Veröffentlichungen. Bearbeiter und Herausgeber: Die Deutsche Bibliothek

gründlich und erschöpfend bibliographieren will, muß man sich diese Zeit nehmen! Dennoch gibt es ein abkürzendes Verfahren: die Neuerscheinungen des deutschen Buchhandels kann man auch nachweisen im *Verzeichnis lieferbarer Bücher* (Nr. 289), das als alphabetischer vielbändiger Katalog und daneben als Stich- und Schlagwortverzeichnis erscheint. Will man einen Titel erwerben, so empfiehlt es sich allemal, das »VLB« beim Buchhändler nachzuschlagen oder dort am Computer festzustellen, denn das *Verzeichnis lieferbarer Bücher* wird auch als CD-Rom angeboten. So kann man sicher sein, daß das dort nachgewiesene Buch innerhalb von zwei Tagen geliefert wird.

Findet man einen gesuchten Titel aus dem 16.–20. Jahrhundert nicht in den genannten Bücherlexika, Gesamtverzeichnissen und Nationalbibliographien, so ist es ratsam, zwei ausländische, ungemein reichhaltige gedruckte Bibliothekskataloge heranzuziehen. Der *National Union Catalog Pre – 1956 imprints* (265 Foliobände!, 1968–1981; Nr. 290) ist ein einzigartiges Nachweisinstrument der in amerikanischen Bibliotheken unter Einschluß der Library of Congress in Washington nachgewiesenen Titel vor 1956. Für den Germanisten, nicht nur den amerikanischen, ist das Werk ein außerordentlich hilfreiches Nachschlagewerk, auch für ältere deutsche Buchveröffentlichungen. Zur Ergänzung wird der *General catalogue of printed books* der British Library London (Nr. 291) empfohlen, da man auch an Hand dieses vielbändigen Werkes zahlreiche Informationen zur deutschen Literatur erhalten kann.

Zum Abschluß sind noch zwei Werke hervorzuheben, die ebenfalls dem Germanisten bekannt sein sollten, da sie sehr materialreich einzelne Drucke verzeichnen. Die *Niederdeutsche Bibliographie* von CARL BORCHLING und BRUNO CLAUSSEN (1931–1957; Nr. 292) ist ein Gesamtverzeichnis der niederdeutschen Drucke bis 1800, ein für den Spezialforscher unentbehrliches, bibliothekarisch zuverlässiges und eingehend bearbeitetes chronologisch angelegtes Bestandsverzeichnis der in deutschen Bibliotheken vorhandenen Drucke. Die Fortführung soll die niederdeutsche Literatur bis 1950 erfassen.

Daneben ist die Bibliographie von HAYN-GOTENDORF *Bibliotheca germanorum erotica et curiosa* (1912–1929; Nr. 293) wegen des reichen Quellenmaterials und der aufschlußreichen bibliographischen Anmerkungen, über die erotische Literatur weit hinausgehend, eine Fundgrube für jeden Literarhistoriker.

Zum letzten Titel vgl. Richard Alewyn, Eine unbekannte Bibliographie zur deutschen Literatur. In: Euphorion 32 (1931), S. 209-10.

3. Veröffentlichungen außerhalb des Buchhandels

Bibliographische Angaben s. S. 109-110.

Die nicht im Buchhandel erschienenen Publikationen – Privatdrucke, Schriften von Institutionen und Gesellschaften, Firmenschriften, bibliophile Drucke usw. – sind, soweit sie erfaßt wurden, für die Zeit bis 1965 in die beiden *Gesamtverzeichnisse des deutschsprachigen Schrifttums 1700-1910* bzw. *1911-1965* (Nr. 280, 284) aufgenommen worden. Für die Zeit von 1966 bis 1980 wurden sie gesondert im *Gesamtverzeichnis des deutschsprachigen Schrifttums außerhalb des Buchhandels 1966-1980* (Nr. 294) nachgewiesen. Dadurch wird das Weiterbibliographieren mit Hilfe der Reihe B des *Wöchentlichen Verzeichnisses* der *Deutschen Bibliographie* (Nr. 295) sehr erleichtert. Man kann so jüngst erschienene Publikationen außerhalb des Buchhandels schneller nachweisen.

Den Literarhistoriker interessieren vor allem Hochschulschriften, Dissertationen, Rektoratsreden, Habilitationsschriften. Sie werden seit 1887 in dem *Jahresverzeichnis der deutschen Hochschulschriften* (Nr. 296) zusammengestellt. In jährlichen Zusammenfassungen werden die Universitätsschriften, nach Universitäten und Fakultäten geordnet und durch Namen- und Sachregister erschlossen, verzeichnet. Die Titel sind aufgenommen in die beiden *Gesamtverzeichnisse des deutschsprachigen Schrifttums 1700-1910* bzw. *1911-1965* (Nr. 280, 284). Hier wurden auch die österreichischen und schweizerischen Hochschulschriften einbezogen. Das gilt auch für die dann folgende Kumulation: *Gesamtverzeichnis deutschsprachiger Hochschulschriften 1966-1980* (Bd. 1-40. 1984-1990; Nr. 297).

Um den Anschluß an die Gegenwart zu erreichen, ist das als Reihe H des *Wöchentlichen Verzeichnisses* der *Deutschen Bibliographie* erscheinende *Hochschulschriften-Verzeichnis* (Nr. 298) heranzuziehen.

Auch über die im Entstehen begriffenen Dissertationen, speziell auf dem Gebiet der Germanistik, kann man sich informieren: das *Verzeichnis der germanistischen Dissertationsvorhaben* erscheint in periodischer Fortsetzung (Nr. 299). Zur Ermittlung ausländischer Doktorarbeiten sind entsprechende

Verzeichnisse heranzuziehen, deren Titel man im *Handbuch der bibliographischen Nachschlagewerke* von WILHELM TOTOK und ROLF WEITZEL (Nr. 278) nachsehen kann.

Neben den Dissertationen spielen die Schulprogramm-schriften heute keine Rolle mehr. Dagegen erschienen besonders in der wilhelminischen Zeit jährlich mit den Jahresberichten der höheren Schulen Abhandlungen, Schulschriften genannt, deren wissenschaftlicher Ertrag nicht selten wertvoll war. Zur Ermittlung dieser Titel sei auf das wichtige Nachschlagewerk hingewiesen, das *Jahresverzeichnis der an deutschen Schulanstalten erschienenen Abhandlungen* für die Zeit von 1889 bis 1930 (Nr. 300).

Am Rande möchten wir auf zwei bibliographische Hilfsmittel aufmerksam machen, die Veröffentlichungen verzeichnen, die ebenfalls nicht im Buchhandel erschienen, aber sehr oft literarischen, auch literaturwissenschaftlichen Inhalts sind, nämlich die Pressendrucke und bibliophilen Ausgaben, die in kleinen Auflagen und vornehmer Ausstattung als Privatdrucke hergestellt werden. Einerseits handelt es sich um JULIUS RODENBERGS Bibliographie *Deutsche Pressen* (1925–1931; Nr. 301), ein Verzeichnis der Pressendrucke bis 1930, zum anderen um das ebenfalls von JULIUS RODENBERG redigierte Werk *Deutsche Bibliophilie in drei Jahrzehnten* (1931; Nr. 302), eine Bibliographie von Veröffentlichungen der deutschen bibliophilen Gesellschaften. Leider sind beide Werke nicht mehr fortgeführt worden.

4. Zeitschriften

Bibliographische Angaben s. S. 110.

Zur Ermittlung literarischer, literaturwissenschaftlicher und allgemeiner Zeitschriften, ihrer Titel, Titeländerungen, Herausgeber, Erscheinungsdauer etc. stehen dem Germanisten mehrere hier zu nennende Bibliographien zur Verfügung. Das bekannteste, immer noch nützliche Nachschlagewerk ist die *Bibliographie germanistischer Zeitschriften* von CARL DIESCH (1927; Nr. 303), ein sachlich nach dem äußeren Charakter der literaturwissenschaftlichen und literarischen Zeitschriften gegliedertes und dann chronologisch nach dem ersten Erscheinen geordnetes Verzeichnis, das bis 1920 reicht. Das Werk ist teilweise überholt durch neuere Bibliographien.

Als allgemeines, sehr reichhaltiges Werk ist die *Bibliographie*

der Zeitschriften des deutschen Sprachgebiets bis 1900 von JOA-
CHIM KIRCHNER (1967 ff.; Nr. 304) hervorzuheben, deren drei
Bände die Zeiträume 1680–1830, 1831–1870, 1871–1900 um-
fassen. Ein ausführliches alphabetisches Titelregister erschien
als Bd. 4,1; ein Namensregister ist in Vorbereitung. Das Werk
wird für die Zeit ab 1815 weitgehend ersetzt durch die vier
bereits im Zusammenhang mit den Hilfsmitteln zu einzelnen
Epochen beschriebenen Werke, deren Titel hier wiederholt
werden sollen: ALFRED ESTERMANN *Die deutschen Literatur-
Zeitschriften 1815–1850* (Bd. 1–9. 1978–1981; Nr. 65); ALFRED
ESTERMANN *Die deutschen Literatur-Zeitschriften 1850–1880*
(Bd. 1–5. 1988–1989; Nr. 66); THOMAS DIETZEL und HANS-
OTTO HÜGEL *Deutsche literarische Zeitschriften 1880–1945*
(Bd. 1–5. 1988; Nr. 76) und BERNHARD FISCHER und THOMAS
DIETZEL *Deutsche literarische Zeitschriften 1945–1970* (Bd. 1–4.
1992; Nr. 89).

Zeitschriften wurden auch in die beiden Reihen der *Gesamtverzeichnisse deutschsprachigen Schrifttums* aufgenommen.
Die Deutsche Bibliothek gab für den Berichtszeitraum
1945–1970 zwei Zeitschriftenverzeichnisse heraus (Nr. 305).
Die neuesten Titel findet man innerhalb der *Deutschen Nationalbibliographie* (Nr. 286). Hilfreich sind schließlich die Zeit-
schriftenkataloge, die viele Bibliotheken vor allem für ihre
Benutzer am Ort herausgeben.

5. Zeitschriftenbeiträge, Zeitungsartikel, Rezensionen

Bibliographische Angaben s. S. 110.
Zur Ermittlung dieser in unselbständiger Form erscheinen-
den Publikationen dient die *Internationale Bibliographie der
Zeitschriftenliteratur*, die der Verleger F. DIETRICH 1896 in
Leipzig begründete und seit 1946 von Osnabrück aus fort-
führt. Dieser sogenannte »Dietrich« erschloß bis 1964 in den
Abteilungen A–C die Beiträge laufender in- und ausländischer
Zeitschriften, darüber hinaus für gewisse Zeitspannen auch
Rezensionen und Zeitungsartikel:
Die Abteilung A, die *Bibliographie der deutschen Zeitschriftenliteratur mit Einschluß von Sammelwerken* (Nr. 306), ordnet
die Aufsätze alphabetisch nach meist weitgefaßten Schlagwörtern. Jedem Titel folgt in Klammern der Verfassername, danach steht in Fettdruck eine Zahlensigle für die zitierte Zeitschrift, schließlich werden Jahrgang-, Band- und Seitenzahlen

verzeichnet. Die Siglen werden jeweils zu Beginn eines Bandes aufgelöst. Wenngleich das ständige Blättern zur Feststellung der zitierten Zeitschrift zumal dem Anfänger unbequem erscheint, sollte man sich von der Benutzung nicht abschrecken lassen, denn der »Dietrich«, der sehr zügig dem Erscheinen der abgeschlossenen Zeitschriftenjahrgänge folgt, erschließt eine Unmenge an Literatur. Man nimmt dann auch gelegentliche Fehler und die mangelnde Systematik in Kauf. Ein Verfasserregister erschließt jeden Band (der oft in zwei Halbbände zerlegt ist), Gesamtschlagwortregister zu einer Reihe von Bänden erleichtern das Nachschlagen: Man wird bei einem Schlagwort darauf hingewiesen, in welchen Bänden es vorkommt. Ziemlich unbekannt, aber doch sehr nützlich ist die restrospektive Erschließung der Zeitschriften von 1861–1895 in 20 Ergänzungsbänden. Zur Dichtung des 19. Jh.s sollte man diese Vorratskammern beachten.

Als Beilage zur Reihe A erschien zeitweilig halbmonatlich das *Verzeichnis von Aufsätzen aus deutschen Zeitungen* (Nr. 306). Eine Menge wichtiger Artikel aus der Tagespresse wird so bibliographisch nachweisbar für die Jahre 1908/09–1922, 1928–1931, 1944. Besonders zur Kenntnis der modernen Literatur liefern diese Repertorien beachtenswertes Material. Neu erscheint jetzt ein *Zeitungsindex*. Verzeichnis wichtiger Aufsätze aus deutschsprachigen Zeitungen (Nr. 307).

Die ausländischen Zeitschriften wurden bis 1964 in der Abteilung B erschlossen durch die *Bibliographie der fremdsprachigen Zeitschriftenliteratur* (Nr. 306), die in der Anlage der Abteilung A gleicht. Seit 1965 erscheinen die deutschen und ausländischen Artikel in einem Alphabet, wesentlich übersichtlicher und reichhaltiger als früher u. d. T.: *Internationale Bibliographie der Zeitschriftenliteratur* (Nr. 306).

Die Abteilung C enthält eine *Bibliographie der Rezensionen und Referate* (Nr. 306). Die wichtigsten Besprechungen sind für die Zeit 1900 bis 1943 nach dem Alphabet der besprochenen Bücher und auch unter Anwendung von Zahlensiglen wie in den Abteilungen A und B verzeichnet. Diese Reihe wurde erst 1971 (Berichtszeit 1970ff.) unter dem Titel *Internationale Bibliographie der Rezensionen wissenschaftlicher Literatur (IBR)* wiederaufgenommen; für den Zeitraum 1944–1969 besteht allerdings eine Berichtslücke.

6. Festschriften und Festschriftenbeiträge

Bibliographische Angaben s. S. 111.

Zu einer eigenen wissenschaftlichen Gattungsform haben sich seit 100 Jahren die Festschriften entwickelt, die einem Gelehrten meist anläßlich eines »runden« Geburtstages von seinen Kollegen oder Schülern oder zu seinem Gedächtnis als Sammlung wissenschaftlicher Aufsätze gewidmet werden, die das Forschungsgebiet des Geehrten betreffen.

Für die Germanistik liegt eine an dieser Stelle nachzuholende vorzüglich erarbeitete Bibliographie von INGRID HANNICH-BODE vor: *Germanistik in Festschriften von den Anfängen (1877) bis 1973* (1976; Nr. 308). Es ist ein »Verzeichnis germanistischer Festschriften und Bibliographie der darin abgedruckten germanistischen Beiträge«, das in Zusammenarbeit mit dem Institute of Germanic Studies in London und unter Verwertung des von Siegmund Heidelberg gesammelten Materials entstanden ist.

Diese grundlegende Arbeit wurde fortgeführt im Rahmen der allgemeinen Erschließung von Festschriften: die *Internationale Bibliographie der Festschriften von den Anfängen bis 1979* von OTTO LEISTNER (2. Aufl. Bd. 1–3. 1984–1989; Nr. 309) kann für einige Jahre als Ergänzung zu Ingrid Hannich-Bodes Werk benutzt werden. Wichtiger ist die periodische Fortführung: *Internationale Jahresbibliographie der Festschriften* (Jg. 1 ff. 1980 ff.; Nr. 310). Sie verzeichnet laufend die Festschriften und die darin enthaltenen Beiträge nach Schlagwörtern und erschließt jeden Jahrgang durch Indices.

7. Anonymen- und Pseudonymenlexika

Bibliographische Angaben s. S. 111.

Zur Auflösung anonymer und pseudonymer Schriften zieht man, wenn die literaturwissenschaftlichen Hilfsmittel versagen, zwei bibliothekarische Grundwerke zu Rate, zunächst das *Deutsche Anonymen-Lexikon* von MICHAEL HOLZMANN und HANNS BOHATTA (1902–1928; Nr. 311). In einer streng alphabetischen Folge werden in den ersten 4 Bänden anonyme Werke aus der Berichtszeit 1501–1850 verzeichnet, die 3 weiteren Bände enthalten Nachträge und führen zugleich die Berichterstattung bis 1926 fort.

Daneben gibt es von HOLZMANN und BOHATTA in der gleichen äußeren Buchausstattung das *Deutsche Pseudonymen-Lexikon* (1906; Nr. 312), ein ebenfalls ständig zu benutzendes zuverlässiges Hilfsmittel zur Ermittlung von Verfassern bei pseudonymen Schriften, ferner das *Lexicon pseudonymorum* von EMIL WELLER (1886; Nr. 313), das die ausländischen Autoren einschließt. Zur Auflösung ausländischer verkleideter Literatur gibt es eine Reihe von vorzüglichen Hilfsmitteln, die hier nicht zu nennen sind, aber jederzeit in den Bibliographien der Bibliographien (z.B. »Totok/Weitzel«; Nr. 278) nachgeschlagen werden können.

Pseudonyme moderner Autoren kann man auch mit Hilfe von *Kürschners Literatur-Kalender* (Nr. 70) oder unter Heranziehung der *Gesamtverzeichnisse des deutschsprachigen Schrifttums* 1700–1910 bzw. 1911–1965 (Nr. 280, 284) im allgemeinen mühelos auflösen.

III. Hilfsmittel literaturwissenschaftlicher Forschung

Die Aufgabe dieser Bücherkunde ist es, mit den Büchern der Germanistik mittelbar bekanntzumachen. Die Werke der Autoren, ihre Erstausgaben, Editionen, Gesamtausgaben und Briefsammlungen sowie die Literatur über sie, die Darstellungen und Untersuchungen, Monographien und Abhandlungen werden nicht im einzelnen genannt, wohl aber die Wege gezeigt, wie man ihre Titel und damit das betreffende Werk selbst ermitteln kann. Dem bibliographischen Zweck setzen wir in dieser Einführung einen zweiten zur Seite: die wichtigsten Lexika, Handbücher, Literaturgeschichten und Tabellenwerke zu beschreiben, in denen man Grundbegriffe, Grundfakten, biographische und literaturgeschichtliche Angaben nachschlagen kann. Solche Hilfsmittel geben aber, besonders wenn Zeitschriften und Forschungsberichte in die Betrachtung einbezogen werden, zugleich Überblicke über die literaturwissenschaftliche Forschungslage. Die lexikalischen und enzyklopädischen Grundwerke und die periodischen Informationsmittel erfüllen also einen doppelten Zweck: einerseits dem Anfänger Tatsachen seines Wissensgebietes zu vermitteln, anderseits den Gelehrten über den Stand der wissenschaftlichen Forschung zu informieren.

1. Repertorien literarischer Quellen

Bibliographische Angaben s. S. 111–112.

Die Quellenkunde zur Literaturwissenschaft befaßt sich mit der Überlieferung, Bewahrung, Erschließung und Edition literarischer Texte, Briefe und Dokumente eines Autors. Während die Quellenkunde des Mittelalters als Handschriftenkunde ein etabliertes Fach darstellt, läßt sich dies von der neueren Literaturwissenschaft nicht sagen.

In der vorliegenden Bücherkunde wird der bibliographische Zugang zu den gedruckten Werken aufgezeigt, auch der Nachweis bestimmter Quellenformen wie Zeitschriften und Briefe beschrieben. Zur Ergänzung sind auch im Hinblick auf ungedruckte Quellen und ihre Edition einige Repertorien zu nennen, die dem Germanisten, der sich mit Autoren der Neuzeit beschäftigt, hilfreich sein werden.

Das *Quellenrepertorium zur neueren deutschen Literaturgeschichte*, in der 3. Aufl. 1981 von PAUL RAABE und GEORG RUPPELT herausgegeben (Nr. 314), verzeichnet nach einem Überblick über Bibliotheken, Literaturarchive, Dichterarchive und Dichtermuseen die handschriftlichen und gedruckten Quellen, die Nachlässe und Handschriftenbestände, die Werkausgaben und Erinnerungswerke, Tagebücher, Briefsammlungen und Lebenszeugnisse neuerer deutscher Autoren nach dem Stand von 1980 in knapper Form.

Kurz vorher war das unter Leitung von WALTRAUD HAGEN bearbeitete *Handbuch der Editionen* (1979; Nr. 315) erschienen, das in alphabetischer Folge die Editionen von fast 300 deutschsprachigen Autoren vom Humanismus bis zur Gegenwart kritisch sichtet und beschreibt. Vor der Beschäftigung mit einem Autor ist es ratsam, das ungewöhnliche und fundierte Werk nachzuschlagen.

Zur Ermittlung »der eigenhändigen Handschriften deutscher Dichter in den Bibliotheken und Archiven Deutschlands, Österreichs, der Schweiz und der ČSR« erschien WILHELM FRELS *Deutsche Dichterhandschriften 1400–1900* (1934; Nr. 316), ein Standardwerk, das durch die Veränderungen seit dem letzten Kriege nur noch teilweise Gültigkeit hat. Inzwischen sind summarische Nachlaßverzeichnisse erschienen, die zur Ermittlung der Papiere eines Autors nach dem »Frels« zu Rate zu ziehen sind: TILO BRANDIS *Die Nachlässe in den Bibliotheken der Bundesrepublik Deutschland* (2. Aufl. 1981; Nr. 317), WOLFGANG A. MOMMSEN *Die Nachlässe in den deutschen Archiven (mit Ergänzungen aus anderen Beständen).* Teil 1–2 (1971–1983; Nr. 318). Für die wichtigsten Aufbewahrungsorte literarischer Nachlässe – Weimar, Marbach, Frankfurt a.M. – liegen Repertorien vor (Nr. 319–321). Die Papiere deutscher Autoren sind in vielen Sammlungen überall in der Welt verstreut. Zur Auffindung wird man ausländische Spezialverzeichnisse heranziehen müssen.

2. Handbücher und Reallexika

Bibliographische Angaben s. S. 112–113.

Das wichtigste Handbuch, das den Gesamtbereich der Germanistik unter Einschluß der Altertums- und Volkskunde umfaßt, ist das von WOLFGANG STAMMLER herausgegebene, in 2. Aufl. vorliegende, inzwischen aber teilweise überholte Sammelwerk *Deutsche Philologie im Aufriß* (Bd. 1–3 [nebst] Registerbd. 1957–1969. Nr. 322). Zahlreiche Fachgelehrte stellen in Quer- und Längsschnitten Themen der deutschen Philologie, der Sprachwissenschaft, der Literatur des Mittelalters, der Literatur der Neuzeit dar und bieten, meist belegt durch angehängte kurze Bibliographien, eine Zusammenfassung der Forschung der Nachkriegszeit. Zur Einführung in ein thematisch begrenztes Gebiet (Sprachgeschichte, mittelalterliche Prosa, Drama der Neuzeit usw.) wird man als erstes dieses Werk konsultieren.

Den Stand der Forschung um die Jahrhundertwende vermittelt die 2. Auflage von HERMANN PAUL *Grundriß der germanischen Philologie* (1900–1909; Nr. 323). Das dreibändige Werk widmet sich der Darstellung der germanischen Philologie, schließt die neuere Literaturwissenschaft aus. Es wurde in der 3. Aufl. immer mehr in Monographien aufgelöst, in Standardwerke wie ANDREAS HEUSLER *Deutsche Versgeschichte* (2. Aufl., 3 Bde, 1956), BRUNO MARKWARDT *Geschichte der deutschen Poetik* (Bd. 1, 2. Aufl 1958; Bd. 2–5, 1956–1961) oder die *Deutsche Wortgeschichte* von FRIEDRICH MAURER und FRIEDRICH STROH (2. Aufl., 3 Bde, 1958–1960). Damit ging der enzyklopädische Charakter des Werkes verloren, es unterrichtet ohne Zusammenhänge über Teilgebiete der Germanistik.

Als wichtigstes lexikalisches Hilfsmittel ist das *Reallexikon der deutschen Literaturgeschichte* hervorzuheben, das, von PAUL MERKER und WOLFGANG STAMMLER begründet, in 2. völlig neubearbeiteter Aufl. von WERNER KOHLSCHMIDT und WOLFGANG MOHR, zuletzt von KLAUS KANZOG und ACHIM MASSER 1958–1988 herausgegeben wurde (Nr. 324). Dieses alphabetisch nach Sachbegriffen geordnete Nachschlagewerk enthält von zahlreichen Gelehrten verfaßte Artikel zu allen Problemen, Themen und Bereichen der deutschen Literaturwissenschaft. Es vermittelt den heutigen Stand der Forschung, die meist mehrere Spalten langen Beiträge sind jeweils knappe, aber stets gut informierende, durch die neueste Literatur belegte Querschnitte eines Themas. Zur Klärung sachlicher Fragen und Zusammenhänge wird man immer zum »Merker-Stammler« greifen, auch wenn man das Datum des jeweiligen Erscheinens nicht außer Acht lassen darf.

Gute Hilfe leistet noch hin und wieder das mehr pädagogischen Zwecken dienende, jedoch hervorragende Beiträge enthaltende *Sachwörterbuch der Deutschkunde*, 1930 in 2 Bänden herausgegeben von WALTHER HOFSTAETTER und ULRICH PETERS (Nr. 325).

An dieser Stelle sind einige weitere, neuere Sachwörterbücher zur deutschen Literatur zu nennen, die über Themen, Probleme, Gattungen, Epochen und Begriffe der deutschen Literaturwissenschaft informieren.

In vieler Hinsicht hat sich das *Sachwörterbuch der Literatur* von GERO VON WILPERT (7. Aufl. 1989; Nr. 326) außerordentlich bewährt. Daneben kann man das *Metzler Literatur Lexikon*, herausgegeben von GÜNTHER und IRMGARD SCHWEIKLE (2. Aufl. 1990; Nr. 327), mit Gewinn benutzen. Auch die in anderem Zusammenhang zu nennenden Literaturlexika enthalten Sachwörterbücher: so der 3. Band des *Kleinen literarischen Lexikons* (4. Aufl. 1973; Nr. 338) und vor allem die Bände 13 und 14 von WALTHER KILLYS *Literaturlexikon*, die, von VOLKER MEID herausgegeben (Nr. 14), eine vorzügliche Ergänzung des »Merker-Stammler« darstellen. Schließlich möchte ich noch auf die im allgemeinen überholte 2. Auflage von WILHELM KOSCH *Deutsches Literaturlexikon* hinweisen (Nr. 12), das manchen nützlichen Sachartikel enthält.

Zwei thematisch begrenzte, kurzgefaßte Nachschlagewerke gab ELISABETH FRENZEL heraus: *Stoffe der Weltliteratur* (7. Aufl. 1988; Nr. 328) und *Motive der Weltliteratur* (3. Aufl. 1988; Nr. 329). Auch ein *Lexikon literarischer Gestalten*, bearbeitet von ANNEMARIE und WOLFGANG VAN RINSUM (Nr. 330) liegt inzwischen vor.

Abschließend sind einige groß angelegte Reallexika zu erwähnen, die Randgebiete der Literaturwissenschaft in fundierten, oft zu Monographien sich erweiternden Beiträgen betreffen: das *Reallexikon der germanischen Altertumskunde*, von JOHANNES HOOPS herausgegeben (4 Bde, 1911 bis 1919; Nr. 331), das seit 1973 in 2. neubearbeiteter Aufl. erscheint, das *Handwörterbuch des deutschen Aberglaubens*, herausgegeben von HANNS BÄCHTOLD-STÄUBLI (10 Bde, 1927 bis 1942; Nr. 332), das unvollendete *Handwörterbuch des deutschen Märchens*, das LUTZ MACKENSEN unter Mitwirkung von BOLTE-POLIVKA 1930–1940 redigierte (Bd. 1.2; Nr. 333) und das nach und nach durch die neue *Enzyklopädie des Märchens* (1977 ff.; Nr. 334) ersetzt werden wird.

Auf das *Deutsche Theater-Lexikon* von WILHELM KOSCH (1953 ff.; Nr. 335) als ein biographisch-bibliographisches

Handbuch sei am Schluß hingewiesen. Für alle auf das Theater bezüglichen Auskünfte kann man das breit angelegte Werk benutzen.

Zum täglichen Brot des Literaturwissenschaftlers gehört selbstverständlich das *Deutsche Wörterbuch* der Brüder Grimm (Nr. 336), das nunmehr vollendete, 33 Bände umfassende Wörterbuch zur deutschen Sprache, dessen Redaktion 1952 ihr hundertjähriges Bestehen feiern konnte: das Standardwerk zur deutschen Sprach- und Wortforschung, dessen Einzelartikel sich zu grundlegenden Wortmonographien erweitert haben. Anhand zahlreicher Belege aus der deutschen Literatur werden Sinn und Bedeutungswandel eines Wortes erklärt. Dieses Wörterbuch war hier anhangsweise zu nennen: auf die Erwähnung der vielen weiteren Sprachwörterbücher muß verzichtet werden.

3. Schriftstellerlexika

Bibliographische Angaben s. S. 113–114.

Vielfach schon bei den bibliographischen Hilfsmitteln genannt, jedoch nicht als eine eigene Gattung betrachtet wurden die Schriftstellerlexika, bio-bibliographische Nachschlagewerke, die kurze Biographien enthalten, die Werke des Autors und (nicht in allen Fällen) die Literatur über ihn zusammenstellen. An diesem Ort interessiert nur der biographische Ertrag.

Das *Deutsche Literatur-Lexikon* von Wilhelm Kosch in der jetzt erscheinenden 3. Auflage (1968 ff.; Nr. 12) ist das umfangreichste biographische und bibliographische Handbuch. Ihm zur Seite sollte man das neue *Literaturlexikon. Autoren und Werke deutscher Sprache* stellen, das unter der Herausgabe von Walther Killy (1988–1993; Nr. 14) erschienen ist. Das dritte Werk schließlich, *Kindlers Neues Literaturlexikon*, herausgegeben von Walter Jens, umfaßt 17 Bände (1988–1992; Nr. 337) und stellt nicht nur deutsche Autoren vor, sondern ist, wie Gero von Wilperts Werk (Nr. 16), ein *Lexikon der Weltliteratur*, das die deutschen Autoren einschließt.

Auch die nicht so umfangreichen Schriftstellerlexika sind hier zu nennen: zunächst das *Kleine literarische Lexikon*, das Horst Rüdiger und Erwin Koppen in 4. Aufl. herausgaben (1966–1973; Nr. 338). Die Autoren werden in den ersten beiden Bänden in drei Teilen biographisch dargestellt. Beliebte

Schriftstellerlexika sind ferner GERO VON WILPERT *Deutsches Dichterlexikon* (3. Aufl. 1988; Nr. 15) als »biographisch-bibliographisches Handwörterbuch zur deutschen Literaturgeschichte« und das von BERND LUTZ herausgegebene *Metzler Autoren Lexikon* (1986; Nr. 339).

Im Rahmen der Bibliographien zu einzelnen Epochen wurden die zeitlich begrenzten Schriftstellerlexika bereits genannt. Für das Mittelalter zieht man das *Verfasserlexikon* (2. Aufl. 1978 ff.; Nr. 34) zu Rate; für die Goethezeit wurde auf *Das gelehrte Teutschland oder Lexikon der jetzt lebenden teutschen Schriftsteller* von JOHANN GEORG MEUSEL (5. Ausgabe. Bd. 1–23. 1796–1834; Nr. 54) und auf KARL HEINRICH JÖRDENS *Lexikon deutscher Dichter und Prosaisten* (Bd. 1–6. 1806–1811; Nr. 55) hingewiesen. Ein biographisch ebenfalls aus erster Hand erarbeitetes Nachschlagewerk ist FRANZ BRÜMMER *Lexikon der deutschen Dichter und Prosaisten vom Beginn des 19. Jahrhunderts bis zur Gegenwart* (6. Aufl. Bd. 1–8. 1913; Nr. 63). Das gleiche gilt für KÜRSCHNERS *Deutschen Literatur-Kalender*, der seit 1897 in Mehrjahresabständen immer in neuer Auflage erscheint (Nr. 70) und das wichtigste biographische Hilfsmittel der Gegenwartsliteratur darstellt. Auch die beiden *Nekrologe* zu Kürschners Literatur-Kalender für die Zeit von 1901–1970 sind sehr nützliche Hilfsmittel (Nr. 71).

Ein originelles, hier zu nennendes Werk verfaßte MAX GEISSLER *Führer durch die deutsche Literatur des zwanzigsten Jahrhunderts* (1913; Nr. 340), das viele interessante Hinweise auf die zeitgenössischen Autoren enthält. Für das 20. Jahrhundert liegen weitere, auch schon erwähnte Schriftstellerlexika vor: das von HERMANN KUNISCH herausgegebene *Handbuch der deutschen Gegenwartsliteratur* (2. Aufl. Bd. 1–3. 1969; Nr. 68) und seine Neubearbeitung durch HERBERT WIESNER (1981; Nr. 69), das Repertorium von PAUL RAABE *Die Autoren und Bücher des literarischen Expressionismus* (2. Aufl. 1991; Nr. 77), die biographischen Handbücher zur deutschen Exilliteratur von WILHELM STERNFELD und EVA TIEDEMANN (2. Aufl. 1970; Nr. 80) und von WERNER RÖDER und HERBERT A. STRAUSS (Bd. 1–3. 1980–1983; Nr. 81), schließlich HEINZ LUDWIG ARNOLD *Kritisches Lexikon zur deutschen Gegenwartsliteratur* (1978 ff.; Nr. 83).

Findet man einen gesuchten Autor in diesen Schriftstellerlexika nicht, so kann man auf die allgemeinen biographischen Nachschlagewerke zurückgreifen, die auf S. 70–72 beschrieben werden.

4. Forschungsberichte

Die Artikel in den großen Reallexika bieten Überblicke über den Gang der Forschung, berichten über die wichtigsten Arbeiten zu einem Problem und stellen den gegenwärtigen Stand der Wissenschaft dar. Diesem Zweck dienen speziell die sogenannten Forschungsberichte, die, meist in Zeitschriften veröffentlicht, die Literatur zu einem Fragenkomplex aus einem bestimmten Zeitraum abhandeln. Die wichtigsten weiterführenden Arbeiten werden auf ihren Wert geprüft, ihr Standort wird innerhalb der Forschung charakterisiert. Es ergibt sich aus diesen Berichten ein klares Bild von den wissenschaftlichen Bemühungen zu einem bestimmten Problem. Innerhalb der Hilfsmittel zur Literaturwissenschaft sind die Forschungsberichte Wegweiser durch die Literatur, wie ja auch die zitierten Titel jeweils als bibliographische Notizen eine repräsentative Zusammenstellung ergeben.

Die wichtigsten Forschungsberichte zur deutschen Literaturwissenschaft verzeichnen CARL PASCHEK *Literaturermittlung Germanistik* (Teil 2. 1986; Nr. 3) und JOHANNES HANSEL *Bücherkunde für Germanisten* (9. Aufl. 1991; Nr. 2).

5. Literaturgeschichten

Bibliographische Angaben s. S. 114–115.

Eine erschöpfende Übersicht über die zahllosen Literaturgeschichten kann im Rahmen unserer Darstellung nicht erwartet werden. Wir beschränken uns auf die wichtigsten allgemeinen geschichtlichen Darstellungen des gesamten Zeitraums der deutschen Literatur. Sowohl die die Nationalliteraturen einschließenden Geschichten der Weltliteratur wie auch die Teildarstellungen zur Geschichte der deutschen Literatur müssen außerhalb der Betrachtung bleiben. Unser Grundsatz, auf die allgemeinen Hilfsmittel allein einzugehen, konnte auch hier nicht mißachtet werden: die Epochendarstellungen, die Literaturgeschichten einzelner Räume wie auch die grundlegenden gattungsgeschichtlichen Werke gehören bereits speziellen Fragestellungen an. Man kann sich über diese Werke wie auch über die allgemeinen Literaturgeschichten sehr gut in der schon empfohlenen Bücherkunde von ROBERT F. ARNOLD (Nr. 1) und für den gegenwärtigen

Stand in dem Werk von JOHANNES HANSEL (Nr. 2) informieren.

Allgemeine Literaturgeschichten stehen unter dem Zwang der Auswahl, der Hervorhebung des Bedeutsamen, sie versuchen, den Gang der Literatur auf Grundzüge zu reduzieren. Sie wollen Einführungen und Grundrisse sein, Kenntnisse vermitteln, Akzente setzen, Lesebücher sein. Daneben stehen Werke von großem Umfang, die man eher zum Nachschlagen als zur Lektüre heranziehen wird. Das gilt für zwei umfangreiche Werke des 19. Jahrhunderts, die dem heutigen Germanisten wegen der Fülle der Belege, zumal für das 16. und 17., Jh. noch nützlich sind, AUGUST KOBERSTEINS *Grundriß der Geschichte der deutschen Nationalliteratur* (1827), in der 5. Auflage von KARL BARTSCH (5 Bde und Registerbd. 1872–84; Nr. 341) sowie die *Geschichte der poetischen National-Literatur der Deutschen* von GEORG GOTTFRIED GERVINUS (1835–1842), ebenfalls nachzuschlagen in der 5. Auflage von KARL BARTSCH (5 Bde, 1871–1874; Nr. 342). Ein ähnlich umfassendes Werk schrieb in unserem Jahrhundert JOSEF NADLER, seine *Literaturgeschichte der deutschen Stämme und Landschaften* (3 Bde, 1912–1918), deren stammesgeschichtliche Betrachtungsweise hier nicht zur Diskussion steht, wurde mehrfach umgearbeitet und erschien in 4. Aufl. als *Literaturgeschichte des deutschen Volkes. Dichtung und Schrifttum der deutschen Stämme und Landschaften* (4 Bde, 1938–1941; Nr. 345). Das Werk, ausgestattet mit ausgezeichneten Bild- und Faksimilebeilagen und einer reichhaltigen Bibliographie, ist besonders auch für das 17. Jh. eine Fundgrube für jeden Literarhistoriker durch den Nachweis vieler noch unerforschter Dichter des Barock.

Unter den einbändigen Werken ist WILHELM SCHERERS *Geschichte der deutschen Literatur*, bis zu Goethes Tod reichend, seit 1883 in zahlreichen Auflagen erschienen (Nr. 343; 1918 fortges. von OSKAR WALZEL, später mit der Bibliographie von JOSEF KÖRNER, der Keimzelle des Handbuchs), noch immer lesenswert, anregend, wegen der Urteile bestechend, ein Meisterwerk der Literaturgeschichtsschreibung.

Dagegen wurde die Literaturgeschichte von FRIEDRICH VOGT und MAX KOCH (1897, 5. Aufl. 1934–1938; Nr. 344) für den Hausgebrauch und nicht für die Universität geschrieben.

Kurzgefaßte Literaturgeschichten, die zum Rüstzeug des Studenten gehören, indem sie einer schnellen Information dienen, gibt es gegenwärtig mehrere, so u.a. die Bücher von GERHARD FRICKE (1949; Neubearb. 1988; Nr. 346) und von FRITZ MARTINI (19. Aufl. 1991; Nr. 347). Die *Deutsche Literaturgeschichte. Von den Anfängen bis zur Gegenwart* (4. Aufl. 1992; Nr. 348) legt das Schwergewicht auf das 20. Jahrhundert.

Die dreibändige *Geschichte der deutschen Literatur,* herausgegeben von EHRHARD BAHR (1987–1988; Nr. 349) wendet sich ebenfalls an Studierende der Germanistik.

Besonders hervorzuheben ist die ins Deutsche übersetzte *Geschichte der deutschen Literatur* von J.G. ROBERTSON und EDNA PURDIE mit einem Beitrag von CLAUDE DAVID über die Literatur des 20. Jh.s (1968; Nr. 350): ein höchst anregendes, für die Deutschen ungewohntes Werk, das vor der Folie der europäischen Literatur andere Periodisierungen wählt und neue Akzente setzt.

Während diese Werke den Ertrag der Forschung summarisch einbringen, setzen sich literaturgeschichtliche Sammelwerke das Ziel, die einzelnen Epochen als abgeschlossene, geistesgeschichtlich zu durchdringende Einheiten darzustellen. Von diesen Gemeinschaftsarbeiten, aus der Erkenntnis entstanden, daß es dem einzelnen immer schwerer wird, den Gesamtbereich der Literaturgeschichte gleichmäßig zu überblicken, werden hier einige wichtige Werke genannt, zunächst die noch nicht vollendete, auf 8 Bände berechnete *Geschichte der deutschen Literatur von den Anfängen bis zur Gegenwart,* herausgegeben von HELMUT DE BOOR und RICHARD G. NEWALD (Nr. 351). Diese Bände, die gut gegliedert einen riesigen Stoff bewältigen, fassen zugleich die bisherige Forschung zusammen und zeigen die gegenwärtigen Probleme auf. Sie eignen sich deshalb sehr zur einführenden Beschäftigung mit einem Thema oder einem Problemkreis. Seit 1949 sind erschienen:

Bd. 1. H. DE BOOR Die deutsche Literatur von Karl dem Großen bis zum Beginn der höfischen Dichtung. 770–1170. 9. Aufl. 1979. – Bd. 2. H. DE BOOR Die höfische Literatur. Vorbereitung, Blüte, Ausklang. 1170–1250. 11. Aufl. 1991. – Bd. 3. H. DE BOOR Die deutsche Literatur im späten Mittelalter 1250–1400. Teil 1. 5. Aufl. 1987; Teil 2. Hrsg. von INGEBORG GLIER. 1987. – Bd. 4. H. RUPPRICH Die deutsche Literatur vom späten Mittelalter bis zum Barock. Teil 1. 1370–1520. 2. neubearb. Aufl. 1993; Teil 2. 1520–1570. 1973. – Bd. 5. R. NEWALD Die deutsche Literatur vom Späthumanismus zur Empfindsamkeit. 1570–1750. 6. Aufl. 1967. – Bd. 6. S.A. JØRGENSEN,

K. Bohnen, P. Øhrgaard Aufklärung, Sturm und Drang, frühe Klassik. 1740–1789. 1990. – Bd. 7. G. Schulz Die deutsche Literatur zwischen Französischer Revolution und Restauration. Teil 1–2. 1983–1989.

Daneben erschien ein Werk, das annalistisch nach kurzen Zeitabschnitten eingeteilt ist und auf diese Weise den Gesamtbereich der deutschen Dichtung erschließt: die *Annalen der deutschen Literatur*, eine Gemeinschaftsarbeit von Heinz Otto Burger herausgegeben (1952, Neubearbeitung 1971; Nr. 352). Dieses Unternehmen zeichnet sich durch gute Überblicke über einzelne Epochen aus, ist knapper als der »de Boor/Newald« gefaßt, aber entschieden ausführlicher als die einbändigen Literaturgeschichten. Die Gleichzeitigkeit des Disparaten reißt Perspektiven auf, die sonst nie dargestellt werden.

Abgeschlossen wurde die in der DDR auf 12 Bände geplante, von Klaus Gysi, Kurt Böttcher und anderen seit 1960 von einem Kollektiv bearbeitete *Geschichte der deutschen Literatur von den Anfängen bis zur Gegenwart* (1960–1990; Nr. 353), die den Verlauf der deutschen Nationalliteratur in seiner ganzen Breite vom Standpunkt marxistischer Literaturwissenschaft darstellt.

Die im Reclam-Verlag erscheinende *Geschichte der deutschen Literatur von den Anfängen bis zur Gegenwart*, von der Bd. 1–5 vorliegen (1965ff.; Nr. 354), ist noch nicht ganz abgeschlossen.

Neben dem »de Boor-Newald« sind auch in der alten Bundesrepublik gleichzeitig zwei umfangreiche, die literatursoziologischen, sozialgeschichtlichen und rezeptionsgeschichtlichen Aspekte einbeziehende Gesamtkonzeptionen deutscher Literaturgeschichte entwickelt und von zwei Verlagen in Angriff genommen worden: *Hansers Sozialgeschichte der deutschen Literatur*, herausgegeben von Rolf Grimminger, auf 12 Bände geplant (1980ff.; Nr. 355), und die im Rowohlt Taschenbuchverlag erschienene, von Horst Albert Glaser herausgegebene *Deutsche Literatur. Eine Sozialgeschichte. Von den Anfängen bis zur Gegenwart* (1980–1991; Nr. 356).

An den Schluß setzen wir, da der Übergang zu den Epochendarstellungen gegeben ist, die zunächst von Julius Zeitler in Verbindung mit zahlreichen Germanisten herausgegebenen *Epochen der deutschen Literatur* (Nr. 357). Diese nach den einzelnen literaturgeschichtlichen Perioden aufgeteilte Sammlung von Monographien ist inzwischen zu einem Verlagsunternehmen geworden. Wir nennen die Bände der neuen Bearbeitung, die, in ihrem Aufbau verschieden angelegt, sehr eingehende Querschnitte darstellen:

2,I. WOLFGANG STAMMLER *Von der Mystik zum Barock.* 1400 bis 1600. 2. Aufl. 1950 (mit reichen Literaturangaben). – 2,II. PAUL HANKAMER *Deutsche Gegenreformation und deutsches Barock.* Die deutsche Literatur im Zeitraum des 17. Jahrhunderts. 4. Aufl. 1976. – 3,I. FERDINAND JOSEF SCHNEIDER *Die deutsche Dichtung der Aufklärungszeit 1700 bis 1775.* 2. Aufl. 1948. – 3,II. FERDINAND JOSEF SCHNEIDER *Die deutsche Dichtung der Geniezeit 1750-1800.* 1952. – 4,I/II. FRANZ SCHULTZ *Klassik und Romantik der Deutschen.* 2 Bde. 3. Aufl. 1959. – [5,I a/c.] FRIEDRICH SENGLE *Biedermeierzeit. Deutsche Literatur im Spannungsfeld zwischen Restauration und Revolution 1815-1848.* Teil 1-3. 1971-1980. – 5,II. FRITZ MARTINI *Deutsche Literatur im bürgerlichen Realismus 1848-1898.* 4. Aufl 1981. – Zur Ergänzung erscheinen Materialienbände.

6. Tabellen- und Abbildungswerke

Bibliographische Angaben s. S. 115.

Gute Dienste leisten demjenigen, der sich über das zeitliche Nacheinander literarischer Werke, über Lebensdaten der Dichter oder über Ereignisse der Literatur informieren will, die Tabellenwerke, etwa in Form bloßer Zahlen- und Titelkolonnen wie in älteren Werken von K.H. HALBACH *Vergleichende Zeittafel zur deutschen Literaturgeschichte* (1952; Nr. 358) oder auf breiterer Basis von A. SPEMANN in der *Vergleichenden Zeittafel der Weltliteratur vom Mittelalter bis zur Neuzeit* (1951; Nr. 359). Dagegen bietet die *Deutsche Literaturgeschichte in Tabellen* von FRITZ SCHMITT und GERHARD FRICKE (3 Teile, 1949-1952; Studienausgabe. 5. Aufl. 1969; Nr. 360) eine Literaturgeschichte in Stichworten, nach den Geschichtszahlen angelegt, ein Hilfsmittel, das sich auch zum Rekapitulieren gut eignet.

Dem »Schmitt/Fricke« setzen wir H.A. und E. FRENZEL *Daten deutscher Dichtung* (Taschenbuchausg. 1990; Nr. 361) an die Seite: dieser »chronologische Abriß der deutschen Literaturgeschichte von den Anfängen bis zur Gegenwart« ist ebenfalls ein nützliches, brauchbares Hilfsmittel, besonders für den Anfänger. Dagegen verbindet VOLKER MEID in seiner *Metzler Literatur Chronik* (1993; Nr. 362) die chronologische

Auflistung der deutschsprachigen Dichtungen mit einer Beschreibung ihres Inhalts und einer Darstellung ihrer Entstehung, Bedeutung und Wirkung.

Zu den Hilfsbüchern kann man auch die Literaturgeschichten in Bildern zählen: das ältere bekannte Werk, GUSTAV KÖNNECKES *Bilderatlas zur Geschichte der deutschen Nationalliteratur* (1886; 2. Aufl. 1895; Nr. 363), ist wegen mancher seltenen Stiche und Titelblätter immer noch nützlich. Im übrigen liegt eine neue kleinere Literaturgeschichte in Bildern (2.Aufl. 1965; Nr. 364) vor, zusammengestellt von GERO VON WILPERT, ein materialreiches und anregendes Werk.

7. Titelbücher, Roman-, Dramen-, Zitatenlexika

Bibliographische Angaben s. S. 116.

Bei einer Beschreibung der literaturwissenschaftlichen Bibliographien, Handbücher, Lexika, biographischen Wörterbücher darf man einige nützliche Hilfsmittel nicht vergessen, die bisweilen Retter in höchster Not sind. Ist der Verfassername eines literarischen Werkes oder eines Gedichtes nicht gegenwärtig, so nimmt man das schon erwähnte *Deutsche Titelbuch* von MAX SCHNEIDER (2. Aufl. 1927; Nr. 104) zur Hand, das von HEINZ-JÖRG AHNERT (1966; Nr. 105) für die Zeit von 1915–1965 fortgeführt wurde.

Ein brauchbares, aber keineswegs die eigene Lektüre ersetzendes Hilfsmittel ist der seit vielen Jahren als Fortsetzungswerk erscheinende *Romanführer*, den WILHELM OLBRICH und JOHANNES BEER 1950 begründeten und von dem inzwischen 26 Bände (Nr. 365) vorliegen. Das Werk bietet Inhaltsangaben von mehr als 5000 deutschen und ausländischen Romanen und Erzählwerken. Die ersten 14 Bände sind durch ein Generalregister (Bd. 15) erschlossen.

Ein Seitenstück zum *Romanführer* ist der von JOSEPH GREGOR begründete *Schauspielführer* (1953 ff.; Nr. 366), ebenfalls ein bis in die Gegenwart fortgeführtes Unternehmen, das Inhaltsangaben der wichtigsten Theaterstücke der Weltliteratur enthält. Vermutet man in einem Roman oder Drama Schlüsselfiguren, so kann man sie in dem allerdings recht problematischen und mit Kritik zu benutzenden Werk von GEORG SCHNEIDER *Die Schlüsselliteratur* (1951–1953; Nr. 367) auflösen.

Am Ende sei auf Zitatenlexika verwiesen, die als Gedächtnisstützen und als Nachschlagewerke dienen. BÜCHMANNS *Geflügelte Worte* (Nr. 368), in vielen Bearbeitungen erschienen, sind allgemein bekannt. Daneben gibt es unter anderen Büchern RICHARD ZOOZMANN *Zitatenschatz der Weltliteratur* (Nr. 369) und KARL PELTZERS Lexikon *Das treffende Zitat* (8. Aufl. 1985; Nr. 370). Ein außerordentlich nützliches Werk ist das sehr stoffreiche, auch Zitate aus der Kunstdichtung einbeziehende *Spruchwörterbuch* von FRANZ Freiherrn VON LIPPERHEIDE (9. Aufl. 1982; Nr. 371). Die umfangreichste alphabetisch geordnete Sammlung von Sprichwörtern ist immer noch das *Deutsche Sprichwörterbuch* von FRIEDRICH WILHELM WANDER (1862–1880; Nr. 372). Zu nennen ist schließlich das materialreiche *Lexikon der sprichwörtlichen Redensarten* von LUTZ RÖHRICH (1973; Nr. 373).

8. Zeitschriften

Bibliographische Angaben s. S. 116–119.

Das laufende Studium der wichtigsten literaturwissenschaftlichen Zeitschriften allein verschafft den Überblick über die gegenwärtigen Forschungsprobleme. Aufsätze, Rezensionen, Referate und Anzeigen zur Kenntnis zu nehmen, gehört zum Geschäft des Germanisten.

Die älteste noch erscheinende, vor allem die ältere Germanistik betreffende Zeitschrift wurde 1841 von MORITZ HAUPT begründet; es ist die *Zeitschrift für deutsches Altertum* (Nr. 374), seit 1876 erweitert um den bis 1989 gesondert gedruckten *Anzeiger für deutsches Altertum und deutsche Literatur*. Fast so alt ist das *Archiv für das Studium der neueren Sprachen* (seit 1846; Nr. 375), als ›Herrigs Archiv‹ bekannt, eine Zeitschrift, nicht auf deutsche Literatur beschränkt, für das Mittelalter ebenso wichtig wie für die Neuzeit. Zu den bedeutenden Publikationen der Germanistik gehören ferner die *Beiträge zur Geschichte der deutschen Sprache und Literatur* (Nr. 378), nach den Begründern (1874) ›Paul und Braunes Beiträge‹ zitiert. Hierin wurden sehr wichtige germanistische Aufsätze veröffentlicht. Zur neueren Literaturgeschichte dagegen liefern sie kaum Beiträge. Zu beachten ist, daß seit 1955 die Zeitschrift unter dem gleichen Titel, aber mit verschiedenen Herausgebern und verschiedenem Inhalt einmal bis 1979 in Halle herauskam, zum anderen bis heute in Tübingen erscheint. Die 1868 begründete *Zeitschrift für deutsche Philo-*

logie (Nr. 376) bringt Aufsätze aus dem Gesamtbereich der Germanistik, ebenso die *Germanisch-Romanische Monatsschrift* (begründet 1909; Nr. 381).

Mit Forschungen zur neuen Literaturgeschichte befaßten sich im 19. Jh. zwei schon lange nicht mehr erscheinende, aber oft noch zitierte, wichtige positivistische Beiträge und Miszellen enthaltende Zeitschriften: das *Archiv für Litteraturgeschichte* (Nr. 377), von 1870–1887 erschienen, nach dem Herausgeber ›Schnorrs Archiv‹ genannt; dann nur auf deutsche Literatur beschränkt, die quasi als Fortsetzung erschienene *Vierteljahrsschrift für Litteraturgeschichte*, geleitet von BERNHARD SEUFFERT, ERICH SCHMIDT und BERNHARD SUPHAN (1888–1893; Nr. 379).

Aus diesen Vorläufern entwickelten sich die beiden wichtigsten literaturwissenschaftlichen Zeitschriften der Gegenwart: die Vierteljahrsschrift *Euphorion*, von AUGUST SAUER 1894 begründet, später von KONRAD BURDACH und JULIUS PETERSEN geleitet, von 1934–1944 als *Dichtung und Volkstum* fortgeführt, 1950 von HANS PYRITZ als ›Euphorion‹ in neuer Folge wieder aufgenommen, seit 1956 von RICHARD ALEWYN, nach weiterem Wechsel nunmehr nach dem Tode von RAINER GRUENTER hrsg. von WOLFGANG ADAM (Nr. 380). Die ursprüngliche Tendenz, vornehmlich die neuere deutsche Literaturgeschichte zu betreuen, ist erst in der dritten Folge zugunsten eines universalen Aspekts mit Einbeziehung der nichtgermanischen Literaturen aufgegeben worden. Die *Deutsche Vierteljahrsschrift für Literaturwissenschaft und Geistesgeschichte*, 1923 von PAUL KLUCKHOHN und ERICH ROTHACKER begründet (Nr. 382), folgt mehr geistesgeschichtlicher Richtung. Die Zeitschrift ist umfassend und grundlegend für die literaturwissenschaftlichen Strömungen der nachpositivistischen Zeit, nicht zuletzt wegen der Forschungsberichte, die teilweise in eigenen Referatenheften zusammengefaßt sind. Die Jahrgänge 1–10 sind durch ein Namens- und Sachregister erschlossen, ein Gesamtregister der Jahrgänge 1–40 (1923–1966) erschien 1968.

Als wichtigstes kritisches Organ erscheint seit 1983, herausgegeben von WOLFGANG FRÜHWALD und WOLFGANG HARMS *Arbitrium. Zeitschrift für Rezensionen zur germanistischen Literaturwissenschaft* (Nr. 383).

Nach dem letzten Kriege wurden zwei germanistische Zeitschriften mit pädagogischen Tendenzen, aber vielen grundsätzlichen Aufsätzen zur deutschen Literaturwissenschaft neu begründet: *Der Deutschunterricht* (seit 1947; Nr. 384) und *Wirkendes Wort* (seit 1950/51; Nr. 385). Über die Tendenzen einer marxistisch-sozialistischen Literaturbetrachtung informieren die seinerzeit von den Nationalen Forschungs- und Gedenkstätten der klassischen deutschen Literatur in Weimar betreuten *Weimarer Beiträge* (1955–1992; Nr. 386). Zu bedauern ist, daß das von THEOPHIL SPOERRI und EMIL STAIGER geleitete *Trivium*, die ›schweizerische Vierteljahrsschrift für Literaturwissenschaft und Stilkritik‹, nur von 1942–1951 erschienen ist (Nr. 387). Sie gibt einen Einblick in eine Periode literaturwissenschaftlicher Forschung.

Seit 1957 erscheint das *Jahrbuch der Deutschen Schillergesellschaft* (Nr. 388) mit wichtigen Abhandlungen, Forschungsberichten, Inventaren und Quellenmitteilungen. Es ist nicht auf die Schillerforschung begrenzt, sondern stellt ein Periodicum zum Gesamtgebiet der neueren deutschen Literaturwissenschaft dar. Im Auftrage der Görres-Gesellschaft erscheint seit 1960 das *Literaturwissenschaftliche Jahrbuch*, zuerst herausgegeben von HERMANN KUNISCH (Nr. 389) mit Aufsätzen, Forschungsberichten, Rezensionen zur deutschen Literaturgeschichte. Das Gesamtgebiet der Germanistik deckt das in mehrere Reihen aufgegliederte, von HANS-GERT ROLOFF herausgegebene *Jahrbuch für internationale Germanistik* (1969ff.; Nr. 390) ab. Andere Jahrbücher beziehen sich auf einen Autor, wie z.B. das Jahrbuch der Goethe-Gesellschaft. Es wurde als *Goethe-Jahrbuch* 1880 begründet und erschien bis 1913. Als Fortsetzung und gleichzeitig als Organ der Goethe-Gesellschaft folgte von 1914 bis 1935 das *Jahrbuch der Goethe-Gesellschaft*, anschließend die Zeitschrift *Goethe*, zuerst als Vierteljahresschrift, dann als Dreimonatsschrift, seit 1941 als Jahrbuch *Goethe* (Nr. 391).

Auf die zahlreichen Publikationen einzelner Dichtergesellschaften kann hier nicht eingegangen werden. Man findet sie beim Bibliographieren eines Autors ohne Schwierigkeiten. Diese Organe, wie das *Hölderlin-Jahrbuch*, das *Jahrbuch der Kleistgesellschaft*, das *Grillparzer-Jahrbuch*, das *Hebbel-Jahrbuch* sind Kristallisationspunkte der Forschung zu einem Dichter.

Einige speziellere Zeitschriften sind hervorzuheben: *Lili. Zeitschrift für Literaturwissenschaft und Linguistik* (1971ff.; Nr. 392) bringt thematisch bezogene Einzelhefte heraus. Das *Internationale Archiv für Sozialgeschichte der deutschen Literatur* (1976ff.; Nr. 393) betrifft einen heute wichtig gewordenen Forschungsaspekt. Die Zeitschrift *Daphnis* (1972ff.; Nr. 394) behandelt die deutsche Literatur des 15.–17. Jahrhunderts, die *Wolfenbütteler Barock-Nachrichten* (1974 ff.; Nr. 395) sind zum wichtigsten Informationsorgan der Barockforschung geworden.

Auch die Auslandsgermanistik verfügt über vorzügliche literaturwissenschaftliche Zeitschriften: nur die bedeutendsten sollen genannt werden. In den USA erscheinen seit 1884 die *PMLA. Publications of Modern Language Association of America* (Nr. 396), nicht nur wegen der *Annual Bibliography* für die Germanisten wichtig; daneben *The Journal of English and Germanic Philology* seit 1897 (Nr. 397) mit wichtigen Abhandlungen zur deutschen Literatur und einem sehr eingehenden Besprechungsteil. Ausschließlich dem Studium der Germanistik widmen sich die *Monatshefte für deutschen Unterricht* (Nr. 398), die seit 1899 mit wissenschaftlichen und pädagogischen Beiträgen zur deutschen Literatur erscheinen. Ähnlich angelegt ist *The German Quarterly* (Nr. 399). Sehr wichtig ist endlich *The Germanic Review* (Nr. 400), die seit 1926 vom Germanic Department of the Columbia University in New York herausgegeben wird und sich durch grundlegende Beiträge auszeichnet. In Toronto erscheint das *Seminar. A Journal of Germanic Studies* (1965 ff.; Nr. 441). Unter den britischen Zeitschriften nennen wir nur *The Modern Language Review* (Nr. 402) und *German Life and Letters* (Nr. 403).

Die Zeitschriften der nordischen Länder liefern vor allem Beiträge zur germanischen Philologie, so die in Helsinki erscheinenden *Neuphilologischen Mitteilungen* (Nr. 404), die norwegische Zeitschrift *Edda* (Nr. 405), die aus Uppsala kommenden *Studia neophilologica* (Nr. 407). Die *Niederdeutschen Mitteilungen* (Nr. 408), die in Lund erscheinen, sind neben dem seit 1875 erscheinenden *Niederdeutschen Jahrbuch* grundlegend für die niederdeutsche Sprachforschung. Auch der holländische *Neophilologus* (Nr. 406) ist wichtig für die Germanistik.

Eine außerordentlich wertvolle ausländische germanistische Zeitschrift sind die seit 1946 erscheinenden französischen *Etudes Germaniques* (Nr. 409), nicht zuletzt wegen der kritischen Referate, der Zeitschriftenübersichten und Nachrichten. Schließlich nennen wir noch das Zentrum der italienischen Germanistik: die *Rivista di letterature moderne e comparate*, ebenfalls seit 1946 herausgegeben (Nr. 410).

Unser Überblick beschränkt sich auf die germanistischen

Fachzeitschriften. Daß auch allgemeine Periodica wichtige Beiträge für den Germanisten enthalten, ist selbstverständlich. Zu denken ist etwa an die *Deutsche Literaturzeitung* (seit 1880) mit grundlegenden Rezensionen auch zur Germanistik, den *Orbis litterarum* aus Kopenhagen (seit 1943), das *Studium generale* in einigen Einzelheften, die Zeitschrift *Universitas*, auch die Organe der vergleichenden Literaturwissenschaft wie die *Revue de littérature comparée*, die *Comparative Literature* oder das *Yearbook of comparative and general literature*.

IV. Allgemeine Nachschlagewerke

Wie die allgemeinen Bibliographien als übergeordnete Gattung die literaturwissenschaftlichen Verzeichnisse ergänzen, so zieht man die allgemeinen Nachschlagewerke zu Rate, wenn die Informationen durch die literaturwissenschaftlichen Hilfsmittel nicht ausreichen. In diesem letzten Abschnitt ist es daher unsere Aufgabe, dem Leser einige Allgemeinenzyklopädien, biographische Lexika und Nachschlagewerke einzelner Wissenszweige, die der Literaturgeschichte benachbart sind, zu erläutern.

vgl. Gert A. Zischka, Index lexicorum. Bibliographie der lexikalischen Nachschlagewerke. 1959; Wilhelm Totok und Rolf Weitzel, Handbuch der bibliographischen Nachschlagewerke. 6. Aufl. 1984–1985; Bernhard Wendt, Idee und Entwicklungsgeschichte der enzyklopädischen Literatur. 1941.

1. Allgemeinenzyklopädien

Bibliographische Angaben s. S. 119–120.

Systematisch oder alphabetisch angelegte, das Gesamtgebiet des Wissens umfassende Werke nennt man Enzyklopädien. Während die ältere Anordnung die systematische war, ging man seit dem 18. Jh. zur alphabetisch-lexikalischen Form über. Gleichzeitig spaltete sich von der streng wissenschaftlichen Enzyklopädie das allgemeine belehrende Lexikon ab, seit dem 19. Jh. als Konversationslexikon bezeichnet. In unserem Jahrhundert gehen beide Richtungen eine Synthese ein: das allgemeine Lexikon ist allgemeinverständlich, aber zugleich wissenschaftlich nach dem neuesten Stand der Forschung bearbeitet.

Das bekannteste Werk ist die *Brockhaus Enzyklopädie* in 24 Bänden, die in 19. Auflage seit 1986 erscheint und 1995 abgeschlossen sein wird (Nr. 414). Die präzise und gründlich informierenden Artikel sind mit wertvollen Literaturangaben belegt. Das Werk setzt die Tradition des *Großen Brockhaus* fort, der in 16. Auflage 1952–1959 erschien. Danach folgten bereits zwei weitere Neubearbeitungen, die nun durch die 19. Auflage ersetzt werden.

Ein wenig älter ist die letzte, d.h. 9. völlig neu bearbeitete Auflage des bisherigen Konkurrenzunternehmens: *Meyers enzyklopädisches Lexikon* in 25 Bänden mit 7 Nachtrags- und Ergänzungsbänden (1971–1981; Nr. 415). Der *Große Herder*, katholisch orientiert, erschien in 5. Auflage in 10 Bänden vor längerer Zeit (1952–1956; Nr. 416).

Das *Schweizer Lexikon in 6 Bänden* (Nr. 417) erscheint seit 1991 in neuer Bearbeitung.

Die ausländischen Enzyklopädien sind zum Teil umfangreicher, breiter, auch gelehrter gearbeitet als die deutschen Konversationslexika. Die wichtigsten sollte der Germanist kennen und beim Nachschlagen nicht unberücksichtigt lassen. Das bekannteste und zugleich älteste ist die *Encyclopaedia Britannica* (14. ed., 25 Bde, 1929; Nr. 418). Der altbewährte *Larousse* ist in neuer Auflage zehnbändig 1960–1964 erschienen (Nr. 419). Die *Enciclopedia italiana di scienze, lettere ed arti* (1929 bis 1949; Nr. 421) in 36 und 4 Nachtragsbänden ist das wissenschaftlich bedeutendste Unternehmen dieser Art, ein hervorragendes Hilfsmittel mit sehr wichtigen Nachweisen und zahlreichen Illustrationen. Hervorzuheben ist danach die russische *Bolshaja sovjetskaja enciklopedija*; die 2. Ausgabe in 50 Bänden erschien 1949–1957, die erste in 65 Bänden 1926–1947 (Nr. 425), ebenfalls in beiden Auflagen ein nicht zu übergehendes Standardwerk.

Sympathische Unternehmen sind die holländische Enzyklopädie, der sogenannte WINKLER PRINS (6. Aufl., 18 Bde und Suppl. und Register, 1947–1955; Nr. 422) und das *Svensk Uppslagsbok* (2. Aufl., 32 Bde, 1947–1953; Nr. 423), endlich die »Espasa«, die voluminöse spanische *Enciclopedia universal illustrada europeo-americana* (70 Bde und 10 Suppl.-Bde, 1905 bis 1955; Nr. 424). Alle diese Hilfsmittel sollten dem Germanisten vertraut sein, auf der Suche nach Realien und Personalien stellen sie wahre Schatzkammern an Wissen dar.

Außerdem sollte man einige ältere, den Wissensstand der Vergangenheit konservierende große Enzyklopädien kennen. Das gilt zunächst für den *Zedler*, das nach dem Verleger genannte *Große vollständige Universal-Lexicon aller Wissenschaften und Künste*, in 64 Bänden und 4 Supplementbänden 1732 bis 1754 erschienen (Nr. 411). Diese Foliobände speichern das Wissen des 17. und frühen 18. Jh.s, enthalten neben den Sachartikeln auch interessante biographische Artikel. Gelegentliche Literaturangaben sind dem Wissenschaftshistoriker interessant.

Goethes Brockhaus war die auf 242 Bde angewachsene *Oekonomisch-technologische Enzyklopädie* von J.G. KRÜNITZ (1773–1858; Nr. 412), ein Werk, das sich auf Realien beschränkt, Personenartikel nicht enthält; es ist eine Fundgrube für die Kulturgeschichte der Goethezeit.

Schließlich bleibt das bedeutsamste Nachschlagewerk des 19. Jh.s zu nennen, die unvollendete *Allgemeine Enzyklopädie der Wissenschaften und Künste*, herausgegeben von JOHANN SAMUEL ERSCH und JOHANN GEORG GRUBER (1818–1889; Nr. 413). Es erschienen Teile der drei Sektionen, insgesamt 167 Bände, die Buchstaben A–G, H-Ligatur, O-Phyxius. Die Darstellungen der einzelnen Themen erweitern sich oft zu vollständigen wissenschaftlichen Abhandlungen: die hier interessierenden Gebiete wie Literatur und Sprachwissenschaft sind besonders vorbildlich gearbeitet. Auch bietet der »Ersch/ Gruber« wertvolle, ausführliche biographische Artikel.

Für biographische Recherchen kann man – wie schon an anderer Stelle angemerkt – übrigens besonders die älteren Auflagen der Konversationslexika mit Gewinn benutzen. So ist der »Brockhaus« und der »Meyer« in den alten Auflagen keineswegs überholt, sondern für den forschenden und suchenden Gelehrten immer noch eine wertvolle Wissensquelle.

2. Allgemeine biographische Nachschlagewerke

Bibliographische Angaben s. S. 120.

Biographische Lexika haben eine lange Tradition. Noch immer benutzt man CHRISTIAN GOTTLIEB JÖCHERS *Allgemeines Gelehrten-Lexikon* (Th. 1–4. 1750–1751; Nr. 426) mit seinen Fortsetzungen und Ergänzungen (Bd. 1–7. 1784–1897), ein Werk des Polyhistorismus, das den Zugang zu den Biographien einzelner Personen eröffnet. Das spätere Standardwerk, das sich auf Deutschland bezieht, ist die 56bändige *Allgemeine Deutsche Biographie* (ADB), von 1875–1912 erschienen im Auftrage der Historischen Kommission der Bayerischen Akademie der Wissenschaften, geleitet bis 1907 von ROCHUS FREIHERRN VON LILIENCRON (Nr. 427). Das Werk ist alphabetisch angelegt, mit Bd. 45 beginnt ein neues Alphabet, auch finden sich verstreut einzelne Nachträge, die man aber mit dem ausgezeichneten Register (Band 56) ohne weiteres erschließen kann. Die 26300 Einzelbiographien sind wissenschaftlich fundierte, meist aus den Quellen gearbeitete, oft zu Monographien sich erweiternde Darstellungen, verfaßt von den besten Gelehrten der Zeit und versehen mit wichtigen Literaturhinweisen.

Die ADB umfaßt die bis 1899 verstorbenen Persönlichkeiten. Die Fortführung des Unternehmens stand unter keinem guten Stern. Das von ANTON BETTELHEIM geleitete *Biographische Jahrbuch und Deutscher Nekrolog* (1897–1917; Nr. 428) berichtet über die von 1896–1913 Verstorbenen in ausführlichen Biographien oder kurzen nekrologischen Notizen mit Angabe der Nachrufe. Die Fortsetzung des wichtigen Werkes blieb ein Torso: dieses *Deutsche biographische Jahrbuch*, vom Verband deutscher Akademien durch HERMANN CHRISTEN herausgegeben (Nr. 429), bringt für die Jahre 1914–1923, 1928–1929 Biographien, Artikel, Nekrologe, Literaturhinweise und Register.

Seit 1953 erscheint eine völlig überarbeitete, auf den neuesten Stand der Forschung gebrachte *Neue Deutsche Biographie* (NDB) (Nr. 430). Die bisherigen Bände (A-Melanchthon) sind in der gründlichen, wissenschaftlich einwandfreien Gestaltung schon jetzt jedem Literaturhistoriker, den das Glück trifft, einen Autor aus dem Anfang des Alphabets zu suchen, unentbehrlich.

Neben diesen Werken sind seit dem 18. Jahrhundert Hunderte von biographischen Nachschlagewerken, Nekrologen und Lexika in räumlichen, zeitlichen oder thematischen Begrenzungen erschienen. Die regionalen Schriftstellerlexika bilden eine eigene Gattung, deren Ertrag erschlossen wurde von ELISABETH FRIEDRICHS *Literarische Lokalgrößen 1700-1900* (1967; Nr. 431).

Der Zugang zu diesen verstreuten biographischen Lexika ist neuerdings ermöglicht worden durch die Kumulation von 254 biographischen Nachschlagewerken bis zum Ausgang des 19. Jahrhunderts. Dieses *Deutsche biographische Archiv* (1982–1984; Nr. 432) ist eine Mikrofiche-Edition von 320000 Eintragungen zu 250000 Personen, die durch ein Findbuch, den *Deutschen biographischen Index* (1986; Nr. 433) wiederum erschlossen wurde und so sehr einfach zu benutzen ist.

Zur Ermittlung lebender Persönlichkeiten gibt es zahlreiche biographische Lexika für alle Nationen. Für Deutschland sollen abschließend nur die periodisch erscheinenden Nachschlagewerke der »Kürschner-Redaktion« genannt werden: während *Kürschners Deutscher Literatur-Kalender* die Schriftsteller mit ihren Anschriften und knappen biographischen Hinweisen, vor allem aber mit ihren Werken verzeichnet, ist *Kürschners Deutscher Gelehrten-Kalender* (Nr. 434) ein Handbuch, das die lebenden Wissenschaftler mit ausführlichen Angaben ihrer Publikationen unter Einschluß ihrer Veröffentlichungen in unselbständiger Form darstellt. In dieser Hinsicht ist der Gelehrtenkalender zugleich ein nützliches bibliographisches Hilfsmittel.

3. Fachenzyklopädien

Bibliographische Angaben s. S. 120–122.

Zum Schluß sei noch auf einige Fachenzyklopädien der Randgebiete aufmerksam gemacht. Aus der großen Zahl werden beispielhaft einige besonders wichtige Werke genannt. Man kann sich über diese Unternehmen in dem mehrfach genannten Totok/Weitzel *Handbuch der bibliographischen Nachschlagewerke* (6. Aufl. 1984–1985; Nr. 278) orientieren.

Für Fragen aus dem Bereich der .Antike ist wichtig der Pauly-Wissowa, die umfangreiche *Real-Encyclopädie der classischen Alterthumswissenschaft* (Nr. 435), die seit 1894 erscheint und noch nicht ganz vollendet ist. Bisher liegen 34 Bände in 68 Halbbänden und 13 Supplementbänden vor. Dieses grundlegende Werk bietet hervorragende, die Quellen und Literatur verarbeitende Sach- und Personenartikel.

Zur Erläuterung der antiken Mythologie gibt es das *Ausführliche Lexikon der griechischen und römischen Mythologie*, insgesamt 10 Bde, von W. H. Roscher 1884–1937 herausgeben (Nr. 436). Die Auseinandersetzung des Christentums mit der antiken Welt ist in dem *Reallexikon für Antike und Christentum*, herausgegeben von Th. Klauser u. a., thematisiert (Nr. 437).

Für die Theologie ist vor allem auf das sehr nützliche große Nachschlagewerk *Die Religion in Geschichte und Gegenwart* (3. Aufl. 1956–1962; Nr. 438) verwiesen. Als katholisches Gegenstück zieht man zunächst das *Lexikon für Theologie und Kirche*, begründet von M. Buchberger, in der beendeten 2. Auflage zu Rate (Nr. 439) oder die umfassende *Enciclopedia cattolica* (12 Bde, 1948–1954; Nr. 440). Die auf 25 Bände berechnete *Theologische Realenzyklopädie* (1977 ff.; Nr. 441) knüpft an die ältere protestantische Realenzyklopädie an, ist aber ökumenisch angelegt.

Für Fragen des Judentums gibt es die hervorragende *Encyclopaedia Judaica. Das Judentum in Geschichte und Gegenwart* (1928–1934; Nr. 442, 443). Jüdische Biographen schlägt man in der *Großen jüdischen National-Biographie* (1925–1935; Nr. 444) nach. Bei speziellen Nachforschungen zur Welt des Islam bietet neben anderen Hilfsmittel die *Enzyklopädie des Islam* (1908–1938; Nr. 445) zuverlässige Auskunft.

In der Philosophie geht man von UEBERWEG-HEINZES *Grundriß der Geschichte der Philosophie* (12. Aufl. 1928; Nr. 446) aus, einer Darstellung mit umfassenden bibliographischen Nachweisen. Daneben kann man sich in dem von WILHELM TOTOK herausgegebenen *Handbuch zur Geschichte der Philosophie* (1964 ff.; Nr. 447) orientieren. Ein grundlegendes Standardwerk ist das *Historische Wörterbuch der Philosophie* (Bd. 1 ff. 1971 ff.; Nr. 448). Es wird RUDOLPH EISLERS *Wörterbuch der philosophischen Begriffe* (4. Aufl., 1927–1930; Nr. 449) ersetzen.

Eines der bedeutendsten Hilfsmittel ist das *Allgemeine Lexikon der bildenden Künstler von der Antike bis zur Gegenwart* (1907–1950; Nr. 450), der sogenannte THIEME-BECKER, das erschöpfende kunstgeschichtliche Nachschlagewerk mit verläßlichen Biographien und umfassenden Werk- und Literaturverzeichnissen. Es wird von H. VOLLMER in dem ebenso sorgfältig gearbeiteten *Allgemeinen Lexikon der bildenden Künstler des 20. Jahrhunderts* (1953–1962; Nr. 451) fortgeführt. Aus beiden Werken entsteht ein *Allgemeines Künstlerlexikon* (1991 ff.; Nr. 452), dessen erste Bände publiziert worden sind. Zur Erläuterung der Kunstdenkmäler und -begriffe erscheint das ausgezeichnete *Reallexikon zur deutschen Kunstgeschichte*, begründet von OTTO SCHMITT (Bd. 1 ff., 1937 ff.; Nr. 453), ebenfalls, wenn einmal vollendet, ein unerschöpfliches Nachschlagewerk.

Das gleiche kann man von der musikhistorischen Enzyklopädie sagen, der *Musik in Geschichte und Gegenwart*, herausgegeben von F. BLUME (1949–1968; Nr. 454), dem Nachschlagewerk mit Personen-, Orts- und Sachbeiträgen, die durch erschöpfende Literaturhinweise belegt sind. Während auf die Nennung der kürzeren Musiklexika wiederum verzichtet wird, sei nur noch auf das sehr wichtige *Biographisch-bibliographische Quellen-Lexikon der Musiker und Musikgelehrten* von ROBERT EITNER (1900–1904; Nr. 455) und das immer parallel zu benutzende *New Grove's Dictionary of music and musicians* (1980; Nr. 456) hingewiesen.

Für die Geschichtswissenschaft werden an diesem Ort nur drei Lexika genannt: das Grundlagenwerk *Geschichtliche Grundbegriffe. Historisches Lexikon zur politisch-sozialen Sprache in Deutschland* (Bd. 1 ff. 1972 ff.; Nr. 457), das von HELLMUT RÖSSLER und GÜNTHER FRANZ begründete *Biographische Wörterbuch zur deutschen Geschichte* (2. Aufl. 1973–1975; Nr. 458) und das *Sachwörterbuch zur deutschen Geschichte* (1958; Nr. 459) der beiden genannten Verfasser. Außerdem wird man auf BRUNO GEBHARDT *Handbuch der deutschen Geschichte* (9. Aufl. 1970–1976; Nr. 460) zurückgreifen müssen, wenn man sich mit historischen Problemen der deutschen Literaturgeschichte befaßt.

Schließlich sind noch zwei Sachlexika zu nennen: das *Handwörterbuch zur deutschen Rechtsgeschichte* (Bd. 1 ff. 1964 ff.; Nr. 461) und das ebenfalls im Erscheinen begriffene *Lexikon des gesamten Buchwesens* (2. Aufl. 1987 ff.; Nr. 462), die der Germanist kennen sollte.

Unsere Überschau mußte sich mit der Nennung und kurzen Beschreibung des Wichtigsten begnügen. Die knappe Auswahl aber wird dem Anfänger die notwendige erste Hilfestellung geben. Alles weitere wird sich bei näherem Studium eines Faches im Zusammenhang einer Einzelfrage organisch ergeben.

B. Praktischer Teil

Der Benutzer einer Bibliographie oder eines Nachschlagewerkes sucht Antwort auf eine bestimmte Frage. Um dem Anfänger zu zeigen, welche Hilfsmittel er in den einzelnen Fällen heranziehen muß, werden die verschiedenen Möglichkeiten in diesem praktischen Teil schematisch, zum Teil in Tabellen demonstriert. Wenige Werke stehen dem Ratsuchenden zur Verfügung: er lerne sie wie Figuren eines Schachspiels zu setzen. Oft reicht ein Zug nicht aus, er muß eine zweite Figur ins Feld führen. Erst die neue Position kann zu einer Lösung führen.

Vier Hauptfragen werden an die in dieser Einführung erläuterten Werke gestellt:

1. Wie ermittle ich Veröffentlichungen eines Autors? (= Bibliographieren gedruckter Quellen)

2. Wie ermittle ich Veröffentlichungen über ein literaturwissenschaftliches Problem oder einen Autor? (= Bibliographieren von Sekundärliteratur)

3. Wo informiere ich mich auf schnellstem Wege über literaturwissenschaftliche Probleme, Fakten, Realien? (= Nachschlagen von Realien)

4. Wie stelle ich biographische Angaben zu einem Autor fest? (= Ermittlung biographischer Angaben)

I. Das Bibliographieren gedruckter Quellen

1. Buchveröffentlichungen

Um die Werke eines Autors bibliographisch zu ermitteln, geht man von einer Personalbibliographie aus.

| Tabelle 1 |

Man findet die selbständig erschienenen in diesem Bande (S. 97–105) verzeichnet. Als weitere Hilfsmittel schlägt man JO-HANNES HANSEL *Personalbibliographie zur deutschen Literaturgeschichte* (1974; Nr. 131) und MAX ARNIM *Internationale Personalbibliographie* (Nr. 130) nach. Findet man die gewünschte Bibliographie nicht, so nimmt man die Bibliographie der Erstausgaben von GERO VON WILPERT und ADOLF GÜHRING (Nr. 8) zur Hand, für das Mittelalter wird das *Verfasserlexikon* (Nr. 33) zum Ziel führen.

Kommt man so nicht weiter, zieht man abgeschlossene Fachbibliographien zu Rate, danach die Schriftstellerlexika. Enscheidend wichtig sind die allgemeinen Bücherverzeichnisse und Bibliothekskataloge.

Welche Hilfsmittel für die einzelnen Zeiträume zur Verfügung stehen, kann man aus der Tabelle 1 ablesen. Man benutze die angegebenen Hilfsmittel nach dieser und den folgenden Tabellen stets in der Reihenfolge von oben nach unten.

Leider erkennt man bei der Arbeit immer wieder, wie wenig Bibliographien für den Einzelfall überhaupt vorliegen. Wenn die Ermittlungen nach der Tabelle erfolglos bleiben, so ziehe man weitere Bibliothekskataloge heran oder forsche im »Totok-Weitzel« nach allgemeinen Hilfsmitteln, die auf die Frage Antwort geben könnten.

2. Zeitschriftenaufsätze

Beiträge der Dichter und Schriftsteller in Zeitschriften, die seit dem 18. Jahrhundert erscheinen, sind schwer zu ermitteln. Dennoch sind vorliegende Personalbibliographien die zuerst nachzuschlagenden Hilfsmittel.

Vieles findet man in den Bänden des »Goedeke« für das 18. Jahrhundert und die Goethezeit, einiges in JOHANN GEORG MEUSEL *Das gelehrte Teutschland* (Nr. 54). Inzwischen sind einige Zeitschriftenrepertorien erschienen. Auch der »Dietrich« kann manchmal nützlich sein.

| Tabelle 2 |

Kommt man nicht weiter, so hat man die Zeitschriften selbst zu durchsuchen. Für die Zeit ab 1880 wird ein Besuch im Deutschen Literaturarchiv empfohlen: die Auswertung der Zeitschriften in den dortigen Karteien ist ein unschätzbarer Zugang zu den Zeitschriftenartikeln.

3. Zeitungsartikel

Die Beiträge eines Autors in Zeitungen zu ermitteln, ist fast aussichtslos, wenn nicht Ausschnitte gesammelt überliefert sind. Für das 20. Jh. – und dieses kommt vor allem in Frage – kann man zeitweise in der Beilage zum »Dietrich« Abteilung A für 1908/09–1922, 1928–1931, 1944 Zeitungsartikel eines Autors, sofern wieder sachlich bestimmt, über die Register finden. Im übrigen lohnt es sich oft, *Das Literarische Echo* (seit 1898; Nr. 72) und *Die schöne Literatur,* später *Die Neue Literatur* (seit 1924 bzw. 1930; Nr. 73) durchzusehen: dort sind viele Aufsätze aus Tageszeitungen nachgewiesen.

II. Das Bibliographieren der Sekundärliteratur

Das Hauptgeschäft dessen, der sich in bibliographische Hilfsmittel vertieft, bleibt die Ermittlung von Literatur über eine literaturwissenschaftliche Frage oder über einen Autor. Wie im darstellenden Teil ausgeführt wurde, gibt es zahlreiche Bibliographien, die diese Forschungsergebnisse verzeichnen. Wie man diese Werke nebeneinander und nacheinander benutzt, ist wieder schematisch dargestellt.

Zunächst werden die periodischen Fachbibliographien vorgeführt, die seit 100 Jahren eine fast lückenlose annalistische Forschungschronik darstellen. Sie werden in ihren Berichtszeiten veranschaulicht.

Das eigentliche Suchen nach Sekundärliteratur heißt hier (Kap. II.2) Thematisches Bibliographieren. Das Formale Bibliographieren (Kap. II.3) dagegen bezeichnet die Wege, wie man bestimmte Veröffentlichungsformen (z.B. Dissertationen) feststellt.

1. Periodisches Bibliographieren

Eine Grundvoraussetzung zu erfolgreichem Bibliographieren von Sekundärliteratur ist eine genaue Kenntnis der Berichtszeiten periodischer Bibliographien. Sie sind es, die an die Gegenwart am weitesten heranführen.

| Tabelle 3 + 4 |

In der Darstellung dieser Hilfsmittel (S. 14–19) wurden die beiden Berichtssysteme für die ältere deutsche Literatur (mit Einschluß des 16. Jh.) und die neuere deutsche Literatur beschrieben.

Die Tabelle 3 zeigt die Berichtszeiten der periodischen Werke für die ältere deutsche Literatur. Die Pfeile und Strichelungen deuten an, daß die meisten Hilfsmittel weiter erscheinen und immer mehr Berichtsraum erfassen. Neben der Folge *Germania* – (älterer) *Jahresbericht* – *Jahresbericht für deutsche Sprache und Literatur* – *Bibliographie zur deutschen Sprach- und Literaturwissenschaft* – *Germanistik* kann man die ausländischen laufenden Auswahlbibliographien ergänzend heranziehen. Den neuesten Stand erreicht man über die Benutzung der Bücherverzeichnisse (*Deutsche Bibliographie, Deutsche Nationalbibliographie* etc.), für Zeitschriftenliteratur unter Heranziehung des *Dietrich.*

Die Tabelle 4 führt entsprechend die Berichterstattung für die neuere deutsche Literatur vor.

2. Thematisches Bibliographieren

Sucht man Literatur zu einem bestimmten Problem, Thema oder Autor, so vergegenwärtige man sich die in Frage kommenden Hilfsmittel nach den unten zu erläuternden Tabellen, versäume aber nicht, Literaturverzeichnisse, die man in der Sekundärliteratur findet, auszuwerten. Sie ergänzen in wichtiger Weise jede bibliographische Recherche.

| Tabelle 5 |

a. Allgemeine Probleme

Tabelle 5 führt die Hilfsmittel zur Feststellung allgemeiner problem-, stoff- und motivgeschichtlicher Veröffentlichungen auf. Die senkrechte Achse nennt die Werke in der Reihenfolge ihrer Benutzbarkeit. Die speziellen Fachbibliographien nimmt man bei den angegebenen Themenkreisen zum Ausgang. Die waagerechte Achse zeigt die Berichtszeiten der Bibliographien. Man bringt sie auf den heutigen Stand durch Heranziehung periodischer Bibliographien und allgemeiner Bibliographien.

b–h. Einzelne Perioden

Die Tabellen 6–13 zeigen die Möglichkeiten auf, innerhalb einer Epoche zu bibliographieren.

| Tabelle 6–13 |

Die Regel gilt auch hier: man benutze die Hilfsmittel in der Reihenfolge von oben nach unten, gehe von den allgemeinen literaturwissenschaftlichen Bibliographien aus, sofern keine Personalbibliographien vorliegen (ihre Ermittlung mit Hansel), orientiere sich über die Berichtsdauer der Hilfsmittel nach der waagerechten Achse der Tabellen und bibliographiere bis zur Gegenwart mit den periodischen Fachbibliographien, dann mit den allgemeinen Bibliographien zu Ende.

Bei Anfertigung vollständiger Literaturverzeichnisse zu einem Thema versäume man nicht, alle Hilfsmittel einer Epoche, besonders aber die periodischen Fachbibliographien, durchzuarbeiten. Immer wieder spüre man auch über Literaturverzeichnisse, schon vorliegend in Sekundärliteratur, neue entlegene Titel auf, die allzu leicht durch das Netz der Bibliographien fallen.

Eine wichtige Funktion erfüllen, wie man aus den Tabellen sieht, auch die allgemeinen Bibliographien: sie führen auf den neueren Forschungsstand, da die periodische Berichterstattung trotz allem ein bis zwei Jahre nachhängen muß. Für die Bücher stehen die *Halbjahrsverzeichnisse* zur Verfügung, dann das *Wöchentliche Verzeichnis* für die Hochschulschriften außer dem *Jahresverzeichnis der deutschen Hochschulschriften* vor allem anschließend die Reihe H der *Deutschen Nationalbibliographie*, endlich für die Zeitschriftenaufsätze die neuesten Bände des *Dietrich*.

3. Formales Bibliographieren

Die äußere Publikationsform spielt bei wissenschaftlichem Schrifttum keine Rolle. Zwar ordnet man nach Verlag, Zeitschrift usw. schon von vornherein eine Veröffentlichung in ihrem Rang und in ihrer Richtung ein, doch man bibliographiert im allgemeinen nach den Themen, nicht nach der äußeren Form. Um im Einzelfall die Hilfsmittel zu kennen, ordnen wir hier einmal die Bibliographien nach den Veröffentlichungsformen.

a. Buchveröffentlichungen

Hier erübrigt sich allerdings eine Nennung der Hilfsmittel, denn alle Bibliographien beziehen sich zuerst auf Veröffentlichungen im Buchhandel.

b. Hochschul- und Schulschriften

Auch sie werden in wissenschaftliche Bibliographien aufgenommen, besonders in den periodischen Fachbibliographien verzeichnet. Darüber hinaus stehen zu Gebote das *Jahresverzeichnis der deutschen Hochschulschriften* (Nr. 296), anschließend die *Deutsche Nationalbibliographie Reihe H* (Nr. 298) und das *Verzeichnis der im Entstehen begriffenen Dissertationen* (Nr. 299), außerdem das *Jahresverzeichnis der an den deutschen Schulanstalten erschienenen Abhandlungen* für die Zeit 1889–1930 (Nr. 300).

c. Zeitschriftentitel

Um den Titel einer Zeitschrift zu ermitteln, die das Gebiet der Literatur oder Literaturwissenschaft betrifft, schlägt man bei CARL DIESCH *Bibliographie der germanistischen Zeitschriften* (Nr. 303) bzw. JOACHIM KIRCHNER *Bibliographie der Zeitschriften im deutschen Sprachgebiet* (Nr. 304) nach. Erläuterungen und Hinweise auf die wissenschaftlichen Fachzeitschriften findet man auch in ARNOLDS *Bücherkunde* (Nr. 1), den neuesten Stand gibt JOHANNES HANSEL *Bücherkunde für Germanisten* (Nr. 2) an. Im übrigen kann man auf die allgemeinen Bücherverzeichnisse verweisen, die die Zeitschriftentitel selbstverständlich auch nennen.

d. Zeitschriftenbeiträge

Auch sie fehlen in den wissenschaftlichen Fachbibliographien nicht. Der *Dietrich* – früher Abteilung A und B – erschließt im übrigen besonders nach dem neuesten Stand die unselbständige Literatur und bezieht auch Beiträge in Festschriften und Sammelwerken ein.

e. Zeitungsartikel

Nur ausnahmsweise finden Zeitungsartikel in wissenschaftlichen Bibliographien Eingang. Allerdings nimmt der »Goedeke« sie in großer Zahl auf, auch der »Kosch« verzeichnet sie. Nützlich sind die Berichte im *Literarischen Echo* und in der *Schönen Literatur* zur Ermittlung. Vor allem aber finden sich die Beiträge im *Dietrich* Abteilung A Beilage.

f. Rezensionen

Zur Aufgabe der periodischen Fachbibliographien gehört es, die wissenschaftlichen Rezensionen zu den neu erschienenen Werken zu verzeichnen. Man beachte, daß Rezensionen auch noch einige Jahre nach Erscheinen des Buches veröffentlicht werden. Ihre Verzeichnung wird deshalb auch in den periodischen literaturwissenschaftlichen Bibliographien später nachgeholt. Im übrigen kann man die wichtigsten Besprechungen, soweit sie zwischen 1900 und 1943 erschienen, danach seit 1971 im *Dietrich* Abteilung C nachweisen.

III. Das Nachschlagen von Realien

Nachdem im darstellenden Teil die wenigen zu Gebote ste-
henden allgemeinen Hilfsmittel der literaturwissenschaftlichen
Forschung genannt wurden, kann hier auf eine Benutzungsan-
weisung verzichtet werden. Der »Merker-Stammler« in
2. Auflage (Nr. 324) wird zu jeder sachlichen Ermittlung unentbehrlich sein, so wie die definierenden kurzgefaßten Sachwörterbücher (Nr. 326 ff.). Man kann diese durch die neuesten Allgemeinenzyklopädien, die meist fundierte Artikel
bringen, ergänzen. Auch der »Kosch« kann zuweilen hier
hilfreich sein.

Stets zur Hand müssen die wichtigsten, genannten Literaturgeschichten sein, sie leisten beim Nachschlagen den Dienst
erster Orientierung. Zur Information über einzelne Werke
empfiehlt es sich, Romanführer und Dramenführer anzuse-
hen.

Den Ausflug in Nachbardisziplinen beginne man auch bei
den Allgemeinenzyklopädien, ziehe dann die Reallexika einzelner Wissenschaftszweige heran, auch einführende Werke,
die man häufig schon im »Brockhaus« angegeben findet.

IV. Die Ermittlung biographischer Angaben

Auf der Suche nach biographischen Mitteilungen zu einem Autor kann man eine Reihe biographischer und bio-bibliographischer Hilfsmittel benutzen, die oft schon eine erschöpfende Auskunft geben oder aber in den Anmerkungen weitere Literatur vermerken.

| Tabelle 14 |

Wie aus Tabelle 14 ersichtlich wird, steht obenan die *Allgemeine Deutsche Biographie* mit der Neubearbeitung in der *Neuen Deutschen Biographie*. Sie reicht bis 1900 bzw. bis zur Gegenwart. Die versteckten Biographien in lokalen Schriftstellerlexika etc. erschließt das *Deutsche biographische Archiv* (Nr. 432). Literaturwissenschaftliche Hilfsmittel, vor allem der »Goedeke«, aber auch der »Kosch«, bieten biographische Angaben für die Zeit bis 1830 bzw. wieder bis zur Gegenwart. Der »Jöcher« reicht bis in die Mitte des 18. Jh.s.

Danach kann man ins Detail gehen; für alle Zeiträume gibt es Hilfsmittel zur biographischen Erforschung. Die Lücke zwischen 1500 und 1700 schließt man mit dem »Jöcher« bzw. mit der ADB.

Hinzuweisen ist auch auf die alten Auflagen der Allgemeinenzyklopädien. Sie bringen für das 19. Jh. sehr viele Namen.

Endlich kann man, von den wenigen genannten Werken ausgehend, auch beruflich begrenzte Hilfsmittel ausfindig machen (vgl. Totok/Weitzel; Schneider). Daß Register zu Briefausgaben (z.B. zur Weimarer Ausgabe von Goethes Werken) oder zu Tagebüchern (etwa zu denen Varnhagen von Enses), ebenso Memoiren, eine Fülle von Namen enthalten, sollte man stets im Auge behalten. Auch Adelslexika, Geschlechterbücher, Leichenpredigtsammlungen, Matrikel und Ranglisten können dem Forschenden manchmal entscheidend helfen. Doch in den meisten Fällen reichen die genannten Werke zur Ermittlung eines Autors aus.

Wir stehen am Ende unserer Erläuterungen, Hinweise und Ratschläge. Erst die praktische Arbeit mit den Hilfsmitteln selbst wird dem Leser das Geschilderte vertraut machen. Er lese die Vorworte, die Anweisungen, studiere die Abkürzungen, den Aufbau, prüfe die Register und blättere in den einzelnen Werken. Wohl werden wir uns immer bewußt bleiben, daß man nach dem Suchen, Bibliographieren, Ermitteln und Nachschlagen erst am Anfang der wissenschaftlichen Arbeit oder doch erst im Vorhof der kritischen Auseinandersetzungen steht. Allein dieser Anfang ist oft schwer, und um die ersten Klippen überwinden zu helfen, möchte diese Einführung in die Bücherkunde zur deutschen Literaturwissenschaft mit ihren theoretischen Hinweisen und praktischen Anleitungen beitragen.

C. Bibliographischer Teil

Verzeichnis der Bibliographien und Hilfsmittel

I. Literaturwissenschaftliche Bibliographien

1. Bibliographische Einführungen

1 ARNOLD, ROBERT F.: Allgemeine Bücherkunde zur neueren deutschen Literaturgeschichte. 4. Aufl. neu bearb. von Herbert Jacob. Berlin: de Gruyter 1966. – 1. Aufl. 1910; 3. Aufl. 1931.

2 HANSEL, JOHANNES: Bücherkunde für Germanisten. Wie sammelt man das Schrifttum nach dem neuesten Forschungsstand? Berlin: Erich Schmidt 1959. – Studienausgabe. 9. neubearb. Aufl. von LYDIA TSCHAKERT. 1991.

3 PASCHEK, CARL: Praxis der Literaturermittlung Germanistik. Teil 1–2. Bern: P. Lang 1986. (Germanistische Lehrbuchsammlung. Bd. 48.)

4 BLINN, HANS JÜRGEN: Informationshandbuch Deutsche Literaturwissenschaft. Völlig neubearb. Ausgabe. Frankfurt a.M.: Fischer Taschenbuch Verlag 1990 (9.–12. Tsd. 1992).

2. Allgemeine Fachbibliographien

5 GOEDEKE, KARL: Grundriß zur Geschichte der deutschen Dichtung. Aus den Quellen. 2. bzw. 3. ganz neu bearb. Aufl. Bd. 1–17. Dresden: Ehlermann (14ff.: Berlin: Akademie-Verlag) 1884–1991. – Gesamtregister in Vorb. – Reprint (von Bd. 1–15). 1975. Dazu vorläufiger Index. Von HARTMUT RAMBALDO. 1975.

6 GOEDEKES Grundriß zur Geschichte der deutschen Dichtung. Neue Folge. Fortführung von 1830 bis 1880. Hrsg. von der Deutschen Akademie der Wissenschaften zu Berlin Bearb. von GEORG MINDE-POUET † und EVA ROTHE. Bd. 1. Berlin: Akademie-Verlag 1962. – Aar-Ayßlinger. Neubearbeitung in Vorbereitung. Bd. 1 im Druck.

7 HIRSCHBERG, LEOPOLD: Der Taschengoedeke. Bibliographie deutscher Erstausgaben. (Verbesserte Ausgabe nach dem von Elisabeth Friedrichs durchgesehenen und ergänzten Neudruck.) München. dtv. 1970.

8 WILPERT, GERO VON und ADOLF GÜHRING: Erstausgaben deutscher Dichtung. Eine Bibliographie zur deutschen Literatur 1600–1990. 2. völlig überarb. Aufl. Stuttgart: Kröner 1992.

9 KÖRNER, JOSEF: Bibliographisches Handbuch des deutschen Schrifttums. 3. völlig umgearb. Aufl. Bern: Francke 1949. – 4. Aufl. (= Nachdruck der 3. Aufl.) 1966.

10 Bibliographisches Handbuch der deutschen Literaturwissenschaft. 1945–1969. Hrsg. von CLEMENS KÖTTELWESCH. Mitarbeit: H. HÜTTEMANN und C. MAIHOFER. Bd. 1–3. Frankfurt a. M.: Klostermann 1973–1979. – Bd. 1. Von den Anfängen bis zur Romantik. Bd. 2. 1830 bis zur Gegenwart; Bd. 3. Register.

11 Internationale Bibliographie zur Geschichte der deutschen Literatur von den Anfängen bis zur Gegenwart. Gesamtredaktion: GÜNTHER ALBRECHT und GÜNTHER DAHLKE. Teil 1–4. Berlin: Aufbau-Verlag 1969–1984 (München: Verlag Dokumentation 1970–1984).
Teil 1. Von den Anfängen bis 1789. 1969. – Teil 2, 1. von 1789 bis zur Gegenwart. 1971. – Teil 2, 2. Einzelne Autoren des 20. Jahrhunderts. 1972. – Teil 3. Register. – Teil 4, I und II. Ergänzungsbd. 1965–1974. 1984.

12 KOSCH, WILHELM: Deutsches Literatur-Lexikon. Biographisches und bibliographisches Handbuch. 2. Aufl. Bd. 1–4. Bern: Francke 1949–1958. – 3. völlig neu bearb. Aufl. Hrsg. von BRUNO BERGER und HEINZ RUPP. Bd. 1 ff. 1968 ff. – Zuletzt erschienen: Bd. 15. Schilling-Schnydrig. 1993.

13 Die deutsche Literatur. Biographisches und bibliographisches Lexikon in 6 Reihen. Unter Mitarb. zahlreicher Fachgelehrter hrsg. von HANS-GERT ROLOFF. Reihe II ff. Bern: P. Lang 1979 ff. – Jede Reihe: Abt. A. Autorenartikel. – Abt. B. Forschungsliteratur.

14 Literaturlexikon. Autoren und Werke deutscher Sprache. Hrsg. von WALTHER KILLY unter Mitarb. von HANS FROMM [u. a.] Bd. 1–15. Gütersloh: Bertelsmann 1988–1993. – Bd. 1–12. Autoren A–Z. – Bd. 13–14. Begriffe, Realien, Methoden. Hrsg. von VOLKER MEID. – Bd. 15. Register.

15 WILPERT, GERO VON: Deutsches Dichterlexikon. Biographisch-bibliographisches Handwörterbuch zur deutschen Literaturgeschichte. 3. erw. Aufl. Stuttgart: Kröner 1988. (Kröners Taschenausgabe. Bd. 288)

16 Lexikon der Weltliteratur. Biographisch-bibliographisches Handwörterbuch nach Autoren und anonymen Werken. Unter Mitarb. zahlreicher Fachgelehrter hrsg. von GERO VON WILPERT. 3. neubearb. Aufl. Bd. 1–2. Stuttgart: Kröner 1988–1993.

17 EPPELSHEIMER, HANNS W.: Handbuch der Weltliteratur von den Anfängen bis zur Gegenwart. 3. neu bearb. und erg. Aufl. Frankfurt: Klostermann 1960.

3. Allgemeine periodische Fachbibliographien

18 BARTSCH, KARL (später auch GUSTAV EHRISMANN): Bibliographische Übersicht über die Erscheinungen auf dem Gebiete der deutschen Philologie für 1862–1878. In: Germania Jg. 8 (1863) – 24 (1879).

19 Literaturblatt für germanische und romanische Philologie. Hrsg.

von Otto Behaghel. Jg. 1–66. Heilbronn (später Leipzig): Henninger 1880–1944.

20 Jahresbericht über die Erscheinungen auf dem Gebiete der germanischen Philologie. (Für die Berichtsjahre 1876–1878.) In: Zeitschrift für deutsche Philologie 8–10 (1877–1879). – Fortf. s. Nr. 22.

21 Strauch, Philipp: Verzeichnis der auf dem Gebiete der neueren deutschen Literatur erschienenen wissenschaftlichen Publikationen. (Für die Berichtsjahre 1884–1889.) In: Anzeiger für deutsches Altertum Jg. 11 (1885) – 16 (1890).

22 Jahresbericht über die Erscheinungen auf dem Gebiete der germanischen Philologie. Hrsg. von der Gesellschaft für deutsche Philologie. Jg. 1–42. (Bibliographie für 1879–1920). Berlin 1880–1923.
NF. Bd. 1–16/19. (Bibliographie für 1921–1939). Berlin: de Gruyter 1924–1954. – Fortführung in Nr. 23.

23 Jahresbericht für deutsche Sprache und Literatur. Bd. 1–2. Bearbeitet von Gerhard Marx. Berlin: Akademie-Verlag 1960 bis 1966. – 1. Bibliographie 1940–1945. 1960. – 2. 1946–1950. 1966.

24 Jahresberichte für neuere deutsche Literaturgeschichte. Hrsg. von Julius Elias (u. a.). Bd. 1–26. (Bibliographie für 1890–1915). Stuttgart (u. a.) (wechselnde Verlage) 1892–1919.

25 Rosenbaum, Alfred: Bibliographie der in den Jahren 1914 bis 1918 erschienenen Zeitschriftenaufsätze und Bücher zur deutschen Literaturgeschichte. Stuttgart: Metzler 1922. (Euphorion. Ergänzungsheft 12)

26 Merker, Paul: Neuere deutsche Literaturgeschichte. Stuttgart, Gotha: Perthes 1922. (Wissenschaftliche Forschungsberichte. Bd. 8) S. 132–136: Bibliographie der in den Jahren 1920/22 erschienenen Werke.

27 Jahresbericht über die wissenschaftlichen Erscheinungen auf dem Gebiete der neueren deutschen Literatur. Hrsg. von der Literaturarchiv-Gesellschaft in Berlin. NF. Bd. 1–16/19 (Bibliographie für 1921–1939). Berlin: de Gruyter 1924–1956. – Fortführung in Nr. 23.

28 Bibliographie der deutschen Literaturwissenschaft [ab Bd. 9: Bibliographie der deutschen Sprach- und Literaturwissenschaft]. Begr. von Hanns W. Eppelsheimer, fortgef. von Clemens Köttelwesch hrsg. von Bernhard Kossmann und Wilhelm R. Schmidt. Bd. 1 ff. Frankfurt a. M.: Klostermann 1957 ff. Zuletzt erschienen: Bd. 31. Berichtsjahr 1991 (1993).

29 Koch, Hans-Albrecht und Uta Koch: Internationale Germanistische Bibliographie. [Jg.] 1980–1982. 3 Bde. München usw.: K. G. Saur 1981–1984.

30 PMLA. Publications of the Modern Language Association of America. Suppl.: Annual bibliography. Vol. 37 ff. Menasha (Wisconsin) 1922–1969. Berichtszeit: 1921–1968. – Selbständige

Fortsetzung: MLA. International Bibliography of Books and Articles on the Modern Languages and Literatures. 1969 ff. New York 1970 ff.

31 Jahresberichte des Literarischen Zentralblatts über die wichtigsten wissenschaftlichen Neuerscheinungen des deutschen Sprachgebietes. Jg. 1–18. Leipzig: Börsenblatt des deutschen Buchhandels 1925–1942.
Jg. 19 fortges. u. d. T.: Das deutsche wissenschaftliche Schrifttum (1942). Leipzig 1943.

32 The Year's work in modern language studies. Vol. 1 ff. Oxford, Cambridge 1931 ff.

33 Germanistik. Internationales Referatenorgan mit bibliographischen Hinweisen. Hrsg. von W. BARNER [u.a.]. Schriftl.: WALTHER GOSE (ab Jg. 8: TILMAN KRÖMER; ab Jg. 32: MATTHIAS REIFEGERSTE). Jg. 1 ff. Tübingen: Niemeyer 1960 ff.

4. Bibliographien und Hilfsmittel zu den einzelnen Epochen

a) Mittelalter

34 Die deutsche Literatur des Mittelalters. Verfasserlexikon. Unter Mitarb. zahlreicher Fachgenossen begr. von WOLFGANG STAMMLER (ab Bd. 3 hrsg. von KARL LANGOSCH). Bd. 1–5. Berlin: de Gruyter 1933–1955. – 2. völlig neubearb. Aufl. unter Mitarbeit zahlreicher Fachgelehrter hrsg. von KURT RUH. Bd. 1 ff. Berlin: de Gruyter 1978 ff. – Zuletzt erschienen: Bd. 8. Bis Sittich. 1992.

34a EHRISMANN, GUSTAV: Geschichte der deutschen Literatur bis zum Ausgang des Mittelalters Bd. 1–4. München: C. F. Beck 1918 bis 1935. – Unveränderter Nachdruck 1954.
Tl. 1. Die althochdeutsche Literatur. 1918; ²1932. – 2, 1. Die mittelhochdeutsche Literatur. 1. Frühmittelhochdeutsche Zeit. 1922. – 2, 2. 1. Hälfte. Blütezeit 1927. – 2, 2. 2. Hälfte. Spätmittelhochdeutsche Literatur. 1935.

b) Frühdruckzeit und 16. Jahrhundert

35 Gesamtkatalog der Wiegendrucke. Hrsg. von der Kommission für den Gesamtkatalog der Wiegendrucke. 2. Aufl. Bd. 1–7; Bd. 8 ff. Stuttgart: Hiersemann 1968 ff. – Zuletzt erschienen: Bd. 9. Bis Grassus. 1990.

36 Der Buchdruck im 15. Jahrhundert. Eine Bibliographie. Hrsg. von SEVERIN CORSTEN und REIMAR W. FUCHS unter Mitarb. von KURT H. STAUB. T. 1. Stuttgart: Hiersemann 1988.

37 PANZER, GEORG WILHELM: Annalen der älteren deutschen Litteratur. Bd. 1–3 [nebst] 2 Suppl. Nürnberg 1788–1885. – Reprint. Hildesheim. Olms 1961.

38 Verzeichnis der im deutschen Sprachbereich erschienenen Drucke des XVI. Jahrhunderts [VD 16]. Hrsg. von der Bayeri-

schen Staatsbibliothek München in Verbindung mit der Herzog August Bibliothek Wolfenbüttel. Bd. 1 ff. Stuttgart: Hiersemann 1983 ff. – Zuletzt erschienen: Bd. 20. Str-Uz. 1993.

39 JOHNSON, ALFRED FORBES and VICTOR SCHOLDERER: Short-Title Catalogue of books printed in the German speaking countries and German books printed in the other countries from 1455 to 1600, now in the British Museum. London: Trustees of the British Museum 1962.

40 SCHOTTENLOHER, KARL: Bibliographie zur deutschen Geschichte im Zeitalter der Glaubensspaltung. 1517–1585. Bd. 1–6. Leipzig: Hiersemann 1933–1940. – Unveränderter Neudruck. 1956 bis 1958. – Nachtragsbd. (= Bd. 7). Das Schrifttum von 1938 bis 1960. Bearb. von Ulrich Thürauf. 1966.

c) Barock

41 DÜNNHAUPT, GERHARD: Personalbibliographien zu den Drucken des Barock. 2. verb. und wesentlich verm. Aufl. des Bibliographischen Handbuches der Barockliteratur. Teil 1–6. Stuttgart: Hiersemann 1990–1993.

42 HABERSETZER, KARL-HEINZ: Bibliographie der deutschen Barockliteratur. Ausgaben und Reprints 1945–1976. Hamburg: Hauswedell 1978. (Dokumente d. Internat. Arbeitskreises f. Barockliteratur. Bd. 5).

43 Deutsche Drucke des Barock 1600–1720. Katalog der Herzog August Bibliothek Wolfenbüttel. Begr. von MARTIN BIRCHER. Bearb. von THOMAS BÜRGER. Abt. A–D. 41 Bde. München usw.: K.G. Saur 1977–1994. – 4 Registerbde. in Vorbereitung.

44 FABER DU FAUR, CURT VON: German Baroque Literature. A catalogue of the collection in the Yale University Library. Vol. 1–2. New Haven: Yale University Press 1958–1969.

45 German Baroque Literature. A descriptive catalogue of the Collection of HAROLD JANTZ. Vol. 1–2. New Haven 1974.

46 Bibliographie zur deutschen Literaturgeschichte des Barockzeitalters. Begr. von HANS PYRITZ, fortgef. und hrsg. von ILSE PYRITZ (bearb. von REINER BÖLHOFF. Bd. 1 ff. Bern: Francke 1985 ff. – Erschienen sind Bd. 1 und 2. Registerbd. in Vorbereitung.

47 STRUTZ, BARBARA: Bibliographische Information für 1975 ff. In: Wolfenbütteler Barock-Nachrichten. Jg. 1 ff. Hamburg: Hauswedell (ab Jg. 10. Wiesbaden: Harrassowitz) 1974 ff. – Die Bibliographie der Jgg. 1–5. wurde zusammengestellt von KARL-HEINZ HABERSETZER.

48 ESTERMANN, MONIKA: Verzeichnis der gedruckten Briefe deutscher Autoren des 17. Jahrhunderts. Teil 1: Drucke zwischen 1600 und 1750. 4 Bde. Wiesbaden: Harrassowitz in Komm. 1992–1993.

d) Das 18. Jahrhundert

49 Internationale Bibliographie zur deutschen Klassik 1750–1850.
Folge 1–10. In: Weimarer Beiträge 6–10 (1960–1964). – Ab
Folge 11/12 (1964/65) in selbständiger Form. Begr. von HANS
HENNING. Weimar 1968 ff. – Zuletzt Folge 38: 1991. Bearb. von
HEIDI ZEILINGER. 1993.

50 Index deutschsprachiger Zeitschriften 1750–1815. Hrsg. von der
Akademie der Wissenschaften zu Göttingen. Leitung der Ar-
beitsgruppe: KLAUS SCHMIDT. Mikrofiche-Edition. Hildesheim:
Olms Neue Medien 1990.

51 HOCKS, PAUL u. PETER SCHMIDT: Index zu deutschen Zeitschriften der Jahre 1773–1830. Abt. I. Bd. 1–3: Zeitschriften der Berliner Spätaufklärung. Nendeln: KTO 1979.

e) Goethezeit

52 SCHULTE-STRATHAUS, ERNST: Bibliographie der Originalausgaben
deutscher Dichtungen im Zeitalter Goethes. Nach den Quellen
bearb. Bd. 1, Abt. 1 (mehr nicht erschienen). München: Georg
Müller 1913.

53 BRIEGER, LEOPOLD: Ein Jahrhundert deutscher Erstausgaben.
Die wichtigsten Erst- und Originalausgaben von etwa 1750 bis
etwa 1880. Die Schweizer Autoren bearb. HANS BLOESCH. Stuttgart: J. Hoffmann 1925 (Taschenbibliographie für Büchersamm-
ler. 2).

54 MEUSEL, JOHANN GEORG: Das gelehrte Teutschland oder Lexikon
der jetzt lebenden teutschen Schriftsteller. 5. Ausgabe. Bd. 1 bis
23. Lemgo: Meyer 1796–1834. – Neudruck. Hildesheim: Olms
1967 [mit Ergänzungsheft von PAUL RAABE]. – Registerband von
MARIA-THERESIA KIRCHBERG und RAINER PÖRZGEN. München:
Saur 1979.

55 JÖRDENS, KARL HEINRICH: Lexikon deutscher Dichter und Prosaisten. Bd. 1–6. Leipzig: Weidmann 1806–1811.

56 Allgemeines Repertorium der Literatur für die Jahre 1785 bis
1800. (Bearb. von JOHANN SAMUEL ERSCH.) 8 Bde. Jena: Allgemeine Literaturzeitung (später Weimar: Industrie-Comptoir)
1793 bis 1807.

57 KÖHRING, HANS: Bibliographie der Almanache, Kalender und
Taschenbücher für die Zeit von ca. 1750–1860. Hamburg (Pri-
vatdruck) 1929.

58 PISSIN, RAIMUND: Almanache der Romantik. Berlin: Behr 1910.
(Bibliographisches Repertorium. Bd. 5)

59 HOUBEN, HEINRICH HUBERT: Zeitschriften der Romantik. In
Verb. mit OSKAR WALZEL hrsg. Berlin: Behr 1904. (Bibliographisches Repertorium. Bd. 1)

60 LINNEBACH, KARL: Denkwürdigkeiten der Befreiungskriege. Berlin: Behr 1912. (Bibliographisches Repertorium. Bd. 6)

61 HOUBEN, HEINRICH HUBERT: Zeitschriften des Jungen Deutsch-

lands. Tl. 1 und 2. Berlin: Behr 1906–1909. (Bibliographisches
Repertorium. Bd. 3 und 4)

f) Das 19. Jahrhundert

62 German Literature of the nineteenth century (1830–1880). A
current bibliography. In: Modern Language Forum 32 (1947) –
36 (1951). – Fortgeführt für die Berichtsjahre 1950–1958 in:
Germanic Reviews 28 (1953) – 35 (1960).

63 BRÜMMER, FRANZ: Lexikon der deutschen Dichter und Prosaisten vom Beginn des 19. Jahrhunderts bis zur Gegenwart. Bd. 1–
2. Leipzig: Reclam 1885. – 6. völlig neu bearb. und stark verm.
Aufl. Bd. 1–18. 1913.

64 PATAKY, SOPHIE: Lexikon deutscher Frauen der Feder. Eine Zusammenstellung der seit dem Jahre 1840 erschienenen Werke
weiblicher Autoren, nebst Biographien der lebenden und einem
Verzeichnis der Pseudonyme. Berlin: C. Pataky 1898. Reprint.
Bd. 1–2. Berlin 1971.

65 ESTERMANN, ALFRED: Die deutschen Literatur-Zeitschriften 1815
bis 1850. Bibliographien, Programme, Autoren. Bd. 1–10. Nendeln: KTO 1978–1981.

66 ESTERMANN, ALFRED: Die deutschen Literatur-Zeitschriften
1850–1880. Bibliographien, Programme. Bd. 1–5. München
1988–1989.

67 SCHLAWE, FRITZ: Die Briefsammlungen des 19. Jahrhunderts. Bibliographie und Gesamtregister der Briefschreiber und Briefemp-
fänger 1815–1914. Bd. 1–2. Stuttgart: Metzler 1969 (Repertorien
zur deutschen Literaturgeschichte. Bd. 4).

g) Literatur 1880–1945

68 Handbuch der deutschen Gegenwartsliteratur. Unter Mitw. von
Hans Hennecke hrsg. von HERMANN KUNISCH. München: Nymphenburger Verlagshandlung 1965. – 2. verb. u. erw. Aufl. Bd. 1–
3. 1969.

69 Lexikon der deutschsprachigen Gegenwartsliteratur. Begr. von
HERMANN KUNISCH neubearb. und hrsg. von HERBERT WIESNER.
München: Nymphenburger Verlagshandlung 1981.

70 KÜRSCHNERS Deutscher Literatur-Kalender. Jg. 1 ff. Berlin: de
Gruyter 1897 ff. – Letzte Ausgabe: 60 (1988).

71 Nekrolog zu Kürschners Literatur-Kalender 1901–1935. Hrsg.
von GERHARD LÜDTKE. Berlin: de Gruyter 1936. – 1936–1970.
Hrsg. von WERNER SCHUDER. 1973.

72 Das literarische Echo. Hrsg. von JOSEF ETTLINGER (später von
ERNST HEILBORN u.a.) Jg. 1–44. Stuttgart: Deutsche Verlagsanstalt 1898–1941/42. – Seit 1925 u.d.T.: Die Literatur.

73 Die schöne Literatur. Hrsg. von WILL VESPER. Jg. 25–44. Leipzig:
Avenarius 1924–1943.

Seit 1930 u.d.T.: Die neue Literatur. – Jg. 1–24 erschien als Beilage des Literarischen Zentralblatts.

74 BODE, INGRID: Die Autobiographien zur deutschen Literatur, Kunst und Musik 1900–1965. Bibliographie und Nachweise der persönlichen Begegnungen und Charakteristiken. Stuttgart: Metzler 1966. (Repertorien zur deutschen Literaturgeschichte. Bd. 2).

75 WESTPHAL, M.: Die besten deutschen Memoiren. Lebenserinnerungen und Selbstbiographien aus sieben Jahrhunderten. Leipzig: Koehler & Volckmar 1923.

76 DIETZEL, THOMAS und HANS-OTTO HÜGEL: Deutsche literarische Zeitschriften 1880–1945. Ein Repertorium. Bd. 1–5. München: Saur 1988.

77 RAABE, PAUL: Die Autoren und Bücher des literarischen Expressionismus. Ein biobibliographisches Repertorium. In Verbindung mit INGRID HANNICH-BODE. 2. ergänzte Aufl. Stuttgart: Metzler 1991.

78 RAABE, PAUL: Die Zeitschriften und Sammlungen des literarischen Expressionismus. Repertorium der Zeitschriften, Jahrbücher, Anthologien, Sammelwerke, Schriftenreihen und Almanache 1910–1921. Stuttgart: Metzler 1964. (Repertorien zur deutschen Literaturgeschichte. Bd. 1).

79 RAABE, PAUL: Index Expressionismus. Bibliographie der Beiträge in den Zeitschriften und Jahrbüchern des literarischen Expressionismus. 1910–1925. Bd. 1–18. Nendeln: Kraus 1972.

80 STERNFELD, WILHELM und EVA TIEDEMANN: Deutsche Exil-Literatur 1933–1945. Eine Bio-Bibliographie. Mit einem Vorw. von Hanns Wilhelm Eppelsheimer. Heidelberg: Schneider 1962. (Veröffentlichung der Deutschen Akademie für Sprache und Dichtung. 29). – 2. erw. Aufl. 1970.

81 Biographisches Handbuch der deutschsprachigen Emigration nach 1933. Hrsg. vom Institut für Zeitgeschichte München und von der Research Foundation for Jewish Immigration New York unter der Gesamtleitung von WERNER RÖDER und HERBERT A. STRAUSS. Bd. 1–3. München: Saur 1980–1983.

82 MAAS, LISELOTTE: Handbuch der deutschen Exilpresse 1933 bis 1945. Hrsg. von EBERHART LÄMMERT. Bd. 1–3. München: Hanser 1976–1981. (Sonderveröffentlichungen der Dt. Bibliothek. Nr. 2, 3, 9.)

h) Literatur seit 1945

83 Kritisches Lexikon zur deutschsprachigen Gegenwartsliteratur. Hrsg. von HEINZ LUDWIG ARNOLD. München: Edition Text und Kritik 1978. Lose Blatt-Ausgabe.

84 Autorenlexikon deutschsprachiger Literatur des 20. Jahrhunderts. Hrsg. von MANFRED BRAUNECK unter Mitarb. von WOLF-

GANG BECK. Überarb. und erweiterte Neuausgabe. Reinbek: Rowohlt Taschenbuch Verlag 1991.

85 Schriftsteller der DDR. Gesamtred.: KURT BÖTTCHER in Zusammenarbeit mit HERBERT GREINER-MAI. 2. erw. Aufl. Leipzig: VEB Bibliogr. Institut 1975.

86 GIEBISCH, HANS und GUSTAV GUGITZ: Bio-bibliographisches Literaturlexikon Österreichs. Von den Anfängen bis zur Gegenwart. Wien: Hollinek 1964.

87 Innerschweizer Schriftsteller. Texte und Lexikon. Hrsg. von BRUNO ST. SCHERER. Luzern: Raeber 1977.

88 Lexikon der Weltliteratur im 20. Jahrhundert. 3. Aufl. Bd. 1–2. Freiburg, Basel, Wien: Herder 1965–1966.

89 FISCHER, BERNHARD und THOMAS DIETZEL: Deutsche literarische Zeitschriften 1945–1970. Ein Repertorium. Bd. 1–4. München: Saur 1992.

5. Spezielle Fachbibliographien

a) Gattungen

90 PAULUS, ROLF und URSULA STEULER: Bibliographie zur deutschen Lyrik nach 1945. 2. erg. und erw. Aufl. Wiesbaden: Athenaion 1977.

91 SCHLÜTTER, HANS-JÜRGEN [Hrsg.]: Lyrik – 25 Jahre Bibliographie der deutschsprachigen Lyrikpublikationen 1945–1970. Bd. 1–2. Hildesheim: Olms 1974–1983.

92 DÜHMERT, ANNELIESE: Von wem ist das Gedicht? Eine bibliographische Zusammenstellung aus 50 deutschsprachigen Anthologien. Berlin: Haude & Spener 1969.

93 GABEL, GERNOT UWE: Drama und Theater des deutschen Barock. Eine Handbibliographie der Sekundärliteratur. Hamburg 1974.

94 VALENTIN, JEAN-MARIE: Le Théâtre des Jésuites dans les pays de langue allemande. Répertoire chronologique des pièces représentées et des documents conservés (1555–1773). P. 1–2. Stuttgart: Hiersemann 1983–1984.

95 MEYER, REINHART: Das deutsche Trauerspiel des 18. Jahrhunderts. Eine Bibliographie. Mit ca. 1250 Titeln, einer Einleitung sowie Verfasser- und Stichwortverzeichnis. München: Fink 1977.

96 MEYER, REINHART [Hrsg.]: Bibliographia dramatica et dramaticorum. Abt. 1, 2. Bd. 1 ff. Tübingen: Niemeyer 1986 ff. – Abt. 1. Bd. 1–3. Werkausgaben, Sammlungen, Reihen. 1986. – Abt. 2, Bd. 1 ff. Einzeltitel 1993 ff.

97 HILL, CLAUDE and RALF LEY: The drama of German expressionism. A German-English bibliography. Chapel Hill 1960.

98 KECKEIS, HERMANN: Das deutsche Hörspiel 1923–1973. Ein sy-

stematischer Überblick mit kommentierter Bibliographie. Frankfurt a.M.: Athenäum 1973.

99 ROSENBAUM, UWE: Das Hörspiel. Eine Bibliographie. Texte, Tondokumente, Literatur. Hamburg: Hans-Bredow-Institut 1974.

100 WEBER, ERNST und CHRISTINE MITHAL: Deutsche Originalromane zwischen 1680 und 1780. Eine Bibliographie mit Besitznachweisen. Berlin: E. Schmidt 1983.

101 HADLEY, MICHAEL: Romanverzeichnis. Kritische Bibliographie der zwischen 1750–1800 erschienenen Erstausgaben. Bern: Lang 1977.

102 WINTER, MICHAEL: Compendium Utopiarum. Typologie und Bibliographie literarischer Utopien. Teilbd. 1: Von der Antike bis zur deutschen Frühaufklärung. Stuttgart: Metzler 1978.

103 GOTZKOWSKY, BODO: »Volksbücher«. Prosaromane, Renaissancenovellen, Versdichtungen und Schwankbücher. Bibliographie der deutschen Drucke. T. 1 ff. Baden-Baden: Koerner 1991 ff. (Bibliotheca bibliographica Aureliana. 125.) – T. 1: Drucke des 15. und 16. Jahrhunderts. – T. 2 wird die Drucke des 17. Jahrhunderts erfassen.

104 SCHNEIDER, MAX: Deutsches Titelbuch. Nachweis von Verfassern deutscher Literaturwerke. Leipzig: Haude & Spener 1927.

105 AHNERT, HANS-JÖRG: Deutsches Titelbuch 2. Berlin: Haude & Spener 1966.

106 SCHLEPPER, REINHARD: Was ist wo interpretiert? Eine bibliographische Handreichung für das Lehrfach Deutsch. 8. völlig überarb. Aufl. Paderborn: Schöningh 1991.

107 SCHMIDT, HEINER: Quellenlexikon der Interpretationen und Textanalysen. Personal- und Einzelwerkbibliographien zur deutschen Literatur von ihren Anfängen bis zur Gegenwart. Ein Handbuch für Schüler und Hochschüler. Bd. 1–7. Duisburg: Verlag für Pädagogische Dokumentation 1984.

b) Rhetorik, Emblematik

108 JAMISON, ROBERT und JOACHIM DYCK: Rhetorik-Topik-Argumentation. Bibliographie zur Redelehre und Rhetorikforschung im deutschsprachigen Raum 1945–1979/80. Stuttgart-Bad Cannstatt: Frommann-Holzboog 1983. – Fortsetzungen in: Rhetorik. Ein internationales Jahrbuch. Bd. 4 ff. 1985 ff.

109 HENKEL, ARTHUR und ALBRECHT SCHÖNE: Emblemata. Handbuch zur Sinnbildkunst des XVI. und XVII. Jahrhunderts. Erweiterte Neuausgabe. Stuttgart: Metzler 1976. – Die 1. Aufl. erschien 1967.

110 LANDWEHR, JOHN: German Emblem Books 1531–1888. A bibliography. Utrecht 1972.

111 LANDWEHR, JOHN: French, Italian, Spanish and Portuguese Books of devices and emblems. 1534–1827. A bibliography. Utrecht 1976.

112 LANDWEHR, JOHN: Emblem and fable books printed in the Low Countries 1542–1813. A bibliography. 3. rev. ed. Utrecht 1988.
113 WARNCKE, KARSTEN-PETER: Vorläufiges Verzeichnis der Emblembücher in der Herzog August Bibliothek Wolfenbüttel. Wolfenbüttel 1978.
114 BLACK, HESTER M.: A short title catalogue of the emblem books in the Stirling Maxwell Collection of Glasgow University Library 1499–1917. Aldershot 1988.

c) Frauenliteratur

115 WOODS, JEAN M. und MARIA FÜRSTENWALD: Schriftstellerinnen, Künstlerinnen und gelehrte Frauen des deutschen Barock. Ein Lexikon. Stuttgart: Metzler 1984. (Repertorien zur deutschen Literaturgeschichte. Bd. 10.)
116 FRIEDRICHS, ELISABETH: Die deutschsprachigen Schriftstellerinnen des 18. und 19. Jahrhunderts. Ein Lexikon. Stuttgart: Metzler 1981. (Repertorien zur deutschen Literaturgeschichte. Bd. 9.)
117 SCHINDEL, CARL VON: Die deutschen Schriftstellerinnen des 19. Jahrhunderts. T. 1–3. Leipzig: Brockhaus 1823–1825.
<64>PATAKY, SOPHIE: Lexikon deutscher Frauen der Feder. 1898.

d) Kinder- und Jugendliteratur

118 BRÜGGEMANN, THEODOR: Handbuch zur Kinder- und Jugendliteratur. [Bd. 1–3] Stuttgart: Metzler 1982–1991. – [1] Vom Beginn des Buchdrucks bis 1570. In Zusammenarbeit mit OTTO BRUNKEN. 1987. – [2] Von 1570–1750. In Zusammenarbeit mit OTTO BRUNKEN. 1991. – [3] Von 1750–1800. In Zusammenarbeit mit HANS-HEINO EWERS. 1982.
119 WEGEHAUPT, HEINZ: Alte deutsche Kinderbücher. Bibliographie. [Bd. 1–2] Stuttgart: Hauswedell 1979–1985. – [1] 1507–1850. – [2] 1851–1900.
120 KLOTZ, AIGA: Kinder- und Jugendliteratur in Deutschland 1840–1950. Gesamtverzeichnis der Veröffentlichungen in deutscher Sprache. Bd. 1 ff. Stuttgart: Metzler 1990 ff. (Repertorien zur deutschen Literaturgeschichte. Bd. 11.) Bisher erschienen Bd. 1–3. A–R.

e) Literarisches Leben

121 BECKER, EVA D. und MANFRED DEHN: Literarisches Leben. Eine Bibliographie. Hamburg: Verlag für Buchmarkt-Forschung 1968. (Schriften zur Buchmarkt-Forschung. Bd. 13.)
122 Internationales Archiv für Sozialgeschichte der deutschen Literatur. Jg. 1 ff. Tübingen: Niemeyer 1976 ff. – Mit einer laufenden Bibliographie zur Sozialgeschichte der deutschen Literatur.
123 Wolfenbütteler Bibliographie zur Geschichte des Buchwesens im

deutschen Sprachgebiet 1840–1980. Bearb. von ERDMANN WEY-
RAUCH. Bd. 1ff. München usw.: Saur 1990ff.
124 Bibliographie der Buch- und Bibliotheksgeschichte. Bearb. von
HORST MEYER. Bd. 1ff. Bad Iburg: Bibliogr. Verlag Dr. Horst
Meyer 1982ff. – Berichtszeit: 1980ff.

f) Stoff- und Motivforschung

125 SCHMITT, FRANZ ANSELM: Stoff- und Motivgeschichte der deutschen Literatur. Eine Bibliographie. 3. Aufl. Berlin: de Gruyter
1976. – Ersetzt KURT BAUERHORST, Bibliographie der Stoff- und
Motivgeschichte der deutschen Literatur. Berlin 1932.
126 LUTHER, ARTHUR: Deutsches Land in deutscher Erzählung. Ein
literarisches Ortslexikon. 2. vollst. umgearb. Aufl. Leipzig: Hiersemann 1937. – 1. Aufl. 1936.
127 LUTHER, ARTHUR: Deutsche Geschichte in deutscher Erzählung.
Ein literarisches Lexikon. 2., verm. Aufl. Leipzig: Hiersemann
1943. – 1. Aufl. 1940.
128 LUTHER, ARTHUR und HEINZ FRIESENHAHN: Land und Leute in
deutscher Erzählung. Ein bibliographisches Literaturlexikon.
Stuttgart: Hiersemann 1954. – Als 3. gänzlich veränderte und
ergänzte Aufl. von Nr. 126 und 127.
129 SCHMITT, FRANZ ANSELM: Beruf und Arbeit in deutscher Erzählung. Ein literarisches Lexikon. Stuttgart: Hiersemann 1952.

6. Selbständig erschienene Personalbibliographien

130 ARNIM, MAX: Internationale Personalbibliographie 1800–1986.
Fortgef. von FRANZ HODES. 2. völlig neu bearb. Aufl. Bd. 1–5.
Leipzig (bzw. Stuttgart): Hiersemann 1944–1987.
131 HANSEL, JOHANNES: Personalbibliographie zur deutschen Literaturgeschichte. Studienausgabe. Neubearbeitung und Fortführung von 1966 bis auf den jüngsten Stand von CARL PASCHEK. 2.
neubearb. und erg. Aufl. Berlin: Erich Schmidt 1974.
132 WIESNER, HERBERT, IRENA ZISVA, CHRISTOPH STOLL: Bibliographie der Personalbibliographien zur deutschen Gegenwartsliteratur. München: Nymphenburger Verlagsanstalt 1970.

a) Mittelalter

Die Literatur zu den Autoren und Werken des Mittelalters ist für
den Einstieg im *Verfasserlexikon* zu ermitteln.

133 GOTTFRIED VON STRASSBURG. – STEINHOFF, HANS-HUGO: Bibliographie zu Gottfried von Straßburg. Berlin: E. Schmidt 1971.
(Bibliographien zur deutschen Literatur des Mittelalters. 5.)
134 GOTTFRIED VON STRASSBURG. – STEINHOFF, HANS-HUGO: Bibliographie zu Gottfried von Straßburg 2. Berichtszeitraum
1970–1983. Berlin: E. Schmidt 1986. (Bibliographien zur deutschen Literatur des Mittelalters. 9, Bd. 1.)

135 HARTMANN VON AUE. – NEUBUHR, ELFRIEDE: Bibliographie zu Hartmann von Aue. Berlin: Schmidt 1977. (Bibliographien zur dt. Literatur des Mittelalters. 6.)

136 NIBELUNGENLIED. – KROGMANN, WILLY und ULRICH PRETZEL: Bibliographie zum Nibelungenlied und zur Klage. 4. Aufl. Berlin: Schmidt 1966. (Bibliographien zur deutschen Literatur des Mittelalters. 1.)

137 OTFRID VON WEISSENBURG. – BELKIN, JOHANNA und JÜRGEN MEIER: Bibliographie zu Otfrid von Weissenburg. Berlin: Schmidt 1975. (Bibliographien zur deutschen Literatur des Mittelalters. 7.)

138 WALTHER VON DER VOGELWEIDE. – SCHOLZ, MANFRED GÜNTER: Bibliographie zu Walther von der Vogelweide. Berlin: E. Schmidt 1969. (Bibliographien zur deutschen Literatur des Mittelalters. 4.)

139 WERNHER DER GARTENAERE. – SEELBACH, ULRICH: Bibliographie zu Wernher der Gartenaere. Berlin. Schmidt 1981. (Bibliographien zur deutschen Literatur des Mittelalters. 8.)

140 WOLFRAM VON ESCHENBACH. – PRETZEL, ULRICH und WOLFGANG BACHOFER: Bibliographie zu Wolfram von Eschenbach. 2. stark erw. Aufl. Berlin: Schmidt 1968. (Bibliographien zur deutschen Literatur des Mittelalters. 2.)

141 WOLFRAM VON ESCHENBACH. – BUMKE, JOACHIM: Die Wolfram von Eschenbach-Forschung seit 1945. Bericht u. Bibliographie. München: Fink 1970.

b) 15. und 16. Jahrhundert

142 BRANT, SEBASTIAN. – WILHELMI, THOMAS: Sebastian Brant. Teil 3: Bibliographie. Bern: Lang 1990. (Arbeiten zur mittleren deutschen Literatur und Sprache. 18, 1–3.)

143 BRANT, SEBASTIAN. – KNAPE, JOACHIM, DIETER WUTTKE: Sebastian-Brant-Bibliographie. Forschungsliteratur von 1800–1985. Tübingen: Niemeyer 1990.

144 LUTHER, MARTIN. – BENZING, JOSEF: Lutherbibliographie. Verzeichnis der gedruckten Schriften Martin Luthers bis zu dessen Tod. Baden-Baden: Heitz 1965–66. (Bibliotheca Bibliographica Aureliana. 10, 16, 19.)

145 LUTHER, MARTIN. – WOLF, HERBERT: Germanistische Luther-Bibliographie. Heidelberg: Winter 1985. (Germanische Bibliothek. Reihe 6: Bibliographien und Dokumentationen.)

146 REINEKE FUCHS. – MENKE, HUBERT: Bibliotheca Reinardiana. Teil 1: Die europäischen Reineke-Fuchs-Drucke bis zum Jahre 1800. Stuttgart: Hauswedell 1992.

147 SACHS, HANS. – HOLZBERG, NIKLAS: Hans-Sachs-Bibliographie. Schriften. Verzeichnis zum 400jähr. Todestag. Zusammengest. unter Mitarb. von Hermann Hilsenbeck. Nürnberg: Selbstverl. d. Stadtbibl. 1976. Beil.: Nachtr. 1977.

c) Barock

Die Ausgaben der wichtigsten Barockautoren lassen sich in Dünnhaupts *Personalbibliographien zu den Drucken des Barock* (Nr. 41) nachschlagen.

148 ABRAHAM A SANCTA CLARA. – BERTSCHE, KARL: Die Werke Abraham a Sancta Claras in ihren Frühdrucken. 2. verb. Aufl. (von Michael O. Krieg.) Wien: Krieg 1961.

149 BEER, JOHANN. – HARDIN, JAMES: Johann Beer. Eine beschreibende Bibliographie. Bern: Franke 1983.

150 BÖHME, JAKOB. – BUDDECKE, WERNER: Die Jakob Böhme-Ausgaben. Ein beschreibendes Verzeichnis. Teil 1–2. Göttingen: Häntzschel 1937–1957.

151 GRIMMELSHAUSEN, HANS JAKOB CHRISTOPH VON. – BATTAFARANO, ITALO MICHELE: Grimmelshausen-Bibliographie 1666–1972. Werk – Forschung – Wirkungsgeschichte. Unter Mitarb. von Hildegard Eilert. Napoli 1975.

152 GRYPHIUS, CHRISTIAN. – HARDIN, JAMES: Christian-Gryphius-Bibliographie. Eine Bibliographie der Werke von und über Christian Gryphius (1649–1706). Bern: Lang 1985. (Berner Beiträge zur Barockgermanistik. 5.)

153 GÜNTHER, JOHANN CHRISTIAN. – BÖLHOFF, REINER: Johann Christian Günther. 1695–1975. Kommentierte Bibliographie, Schriftenverzeichnis, Rezeptions- und Forschungsgeschichte. Bd. 1–3. Köln: Böhlau 1980–1983.

154 LOHENSTEIN, DANIEL CASPAR VON. – MÜLLER, HANS VON: Bibliographie der Schriften D. Caspers von Lohenstein. In: Werden und Wirken. Ein Festgruß Karl W. Hiersemann zugesandt. Leipzig 1924. S. 182–261. – Wegen seiner Anlage zitiert.

155 MOSCHEROSCH, JOHANN MICHAEL. – BECHTOLD, ARTHUR: Kritisches Verzeichnis der Schriften Johann Michael Moscheroschs. München 1922.

156 ZESEN, PHILIPP VON. – OTTO, KARL FREDERICK: Philipp von Zesen. Bern, München: Francke 1972. (Bibliographien z. dt. Barockliteratur. Bd. 1.)

d) 18. Jahrhundert

Vorweg ist auf GOEDEKES *Grundriß zur Geschichte der deutschen Dichtung.* 3. Aufl. Bd. 4, 1 zu verweisen.

157 FORSTER, GEORG. – FIEDLER, HORST: Georg-Forster-Bibliographie. 1767–1970. Berlin: Akademie-Verl. 1971.

158 GOTTSCHED, JOHANN CHRISTOPH. – MITCHELL, P.M.: Gottsched-Bibliographie. Berlin: de Gruyter 1987. (Gottsched, Ausgewählte Werke. Bd. 12.)

159 HALLER, ALBRECHT VON. – LUNDSGAARD-HANSEN, SUSANNE: Verzeichnis der gedruckten Schriften Albrecht von Hallers. Bern: Haupt 1959.

160 HERDER, JOHANN GOTTFRIED. – GOTTFRIED GÜNTHER, ALBI-

NA A. VOLGINA, SIEGFRIED SEIFERT: Herder-Bibliographie. Berlin und Weimar: Aufbau-Verlag 1978.

161 KLOPSTOCK, FRIEDRICH GOTTLIEB. – BOGHARDT, CHRISTIANE, MARTIN BOGHARDT und RAINER SCHMIDT: Die zeitgenössischen Drucke von Klopstocks Werken. Bd. 1–2. Berlin: de Gruyter 1981. (Klopstock, Werke und Briefe. Abt. Add. III, 1–2.)

162 KLOPSTOCK, FRIEDRICH GOTTLIEB. – BURKHARDT, GERHARD u. HEINZ NICOLAI: Klopstock-Bibliographie. Berlin, New York: de Gruyter 1975. (F.G. Klopstock, Werke und Briefe. Abt. Add. I.)

163 LESSING, GOTTHOLD EPHRAIM. – MUNCKER, FRANZ: Verzeichnis der Drucke von Lessings Schriften 1747–1919. In: L., Sämtliche Schriften. Hrsg. von Karl Lachmann. 3. Aufl. bes. von Franz Muncker. Bd. 22, II. Berlin 1919. S. 315–807.

164 LESSING, GOTTHOLD EPHRAIM. – SEIFERT, SIEGFRIED: Lessing-Bibliographie. Berlin: Aufbau-Verl. 1973. – Fortsetzung 1971–1985 von DORIS KUHLES. Berlin und Weimar: Aufbau-Verlag 1988.

165 LICHTENBERG, GEORG CHRISTOPH. – JUNG, RUDOLF: Lichtenberg-Bibliographie. Heidelberg: Stiehm 1972.

166 MENDELSSOHN, MOSES. – MEYER, HERRMANN M.Z.: Moses Mendelssohn Bibliographie. Berlin: de Gruyter 1965 [vielm. 1967].

167 WIELAND, CHRISTOPH MARTIN. – GÜNTHER, GOTTFRIED und HEIDI ZEILINGER: Wieland-Bibliographie. Berlin und Weimar: Aufbau-Verlag 1983.

e) Goethezeit

Für die Autoren der Klassik und Romantik ist auf die Bände 6–17 von GOEDEKES Grundriß zu verweisen. Der 5. Band, erschienen 1893 mit den Artikeln über Schiller, Hölderlin, Jean Paul etc., ist veraltet.

168 ARNDT, ERNST MORITZ. – SCHÄFER, KARL-HEINZ und JOSEF SCHLAWE: Ernst Moritz-Arndt. Ein bibliographisches Handbuch. 1769–1969. Bonn: Röhrscheid 1971.

169 ARNIM, LUDWIG ACHIM VON. – MALLON, OTTO: Arnim-Bibliographie. Berlin: Fraenkel 1925. – Repr. 1965.

170 BRENTANO, CLEMENS. – MALLON, OTTO: Brentano-Bibliographie. Berlin: Fraenkel 1926. – Repr. 1965.

171 CHAMISSO, ADALBERT VON. – RATH, PHILIPP: Bibliotheca Schlemihliana. Ein Verzeichnis der Ausgaben und Übersetzungen des Peter Schlemihl. Berlin 1919.

172 EICHENDORFF, JOSEPH FRH. VON. – EICHENDORFF, KARL FRH. VON: Ein Jahrhundert Eichendorff-Literatur. Regensburg: Habbel 1924. (E., Sämtliche Werke. Bd. 22.) – Fortführung bis 1958: WOLFGANG KRON, Eichendorff-Bibliographie. In: Eichendorff heute. Hrsg. von Paul Stöcklein. München 1960. S. 280–329. Danach Bibliographie in: Aurora. Eichendorff-Almanach.

173 EICHENDORFF, JOSEPH FRH. VON – KRABIEL, KLAUS-DIETER: Jo-

seph von Eichendorff. Komment. Studienbibliographie. Frankfurt a.M.: Athenäum 1971.

173 GOETHE, JOHANN WOLFGANG VON. – GOEDEKE, KARL: Grundriß zur Geschichte der deutschen Dichtung. Bd. 4, II–V. [Goethe-Bibliographie bis 1950.] Dresden 1910–1960. – Danach periodische Forts. in Goethe Bd. 14/15 ff. (1952/53 ff.)

174 GOETHE, JOHANN WOLFGANG VON. – HAGEN, WALTRAUD: Die Drucke von Goethes Werken. 2. Aufl. Berlin: Akademie-Verl. 1983.

175 GOETHE, JOHANN WOLFGANG VON. – PYRITZ, HANS: Goethe-Bibliographie. Unter red. Mitarb. von Paul Raabe. Fortgef. von Heinz Nicolai und Gerhard Burkhardt. Bd. 1–2. Heidelberg: Winter 1965–1968.

176 HÖLDERLIN, FRIEDRICH. – SEEBASS, FRIEDRICH: Hölderlin-Bibliographie. München: Stobbe 1922.

177 HÖLDERLIN, FRIEDRICH. – KOHLER, MARIA: Internationale Hölderlin-Bibliographie. 1804–1983. Stuttgart: Frommann-Holzboog 1985. – Forts. 1984–1988. 2 Bde. 1991; 1989–1990. 2 Bde. 1992. – 1991–1992. 2 Bde. 1993.

178 HOFFMANN, E.T.A. – SALOMON, GERHARD: E.T.A. Hoffmann-Bibliographie. 2. verb. Aufl. Berlin: Paetel 1927. – Repr. 1962.

179 HOFFMANN, E.T.A. – VOERSTER, JÜRGEN: 160 Jahre E.T.A. Hoffmann-Forschung 1805–1965. Eine Bibliographie mit Inhaltserfassung und Erläuterungen. Stuttgart: Eggert 1967.

180 JEAN PAUL. – BEREND, EDUARD: Jean-Paul-Bibliographie. Neu bearb. von JOHANNES KROGOLL. Stuttgart: Klett 1963. (Veröffentlichungen der Deutschen Schillergesellschaft. Bd. 26.) – Period. Bibliogr. in: Jb. d. Jean-Paul-Gesellsch. 1 (1966) 163–179; 5 (1970) 185–212.

181 KLEIST, HEINRICH VON. – SEMBDNER, HELMUT: Kleist-Bibliographie 1803–1862. Heinrich von Kleists Schriften in frühen Drukken und Erstveröffentlichungen. Stuttgart: Eggert 1966.

182 KLEIST, HEINRICH VON. – ROTHE, EVA: Kleist-Bibliographie 1954 bis 1960. In: Jahrbuch der Deutschen Schillergesellschaft 5 (1961), S. 414–547. – Für die Berichtszeit 1914–1937 vgl. Jahrbuch der Kleist-Gesellschaft 1921–1933/37.

183 SCHILLER, FRIEDRICH VON. – MARCUSE, HERBERT: Schiller-Bibliographie. Unter Benutzung der Trömelschen Schiller-Bibliothek. Berlin: Fraenkel 1925.

184 SCHILLER, FRIEDRICH VON. – VULPIUS, WOLFGANG: Schiller-Bibliographie 1893–1958 nebst Erg. Bd. 1959–1963. Weimar: Arion (bzw. Berlin: Aufbau-Verl.) 1959–1968. – Fortgef. von PETER WERSIG: Schiller-Bibliographie 1964–1974. 1977. – 2. Forts. von ROLAND BÄRWINKEL, NATALIJA I. LOPATINA, GÜNTHER MÜHLPFORDT: Schiller-Bibliographie 1975–1985. Berlin und Weimar: Aufbau-Verlag 1989.

Für einige Autoren – Grabbe, Hebel, Heine u.a. – bieten die letzten Bände des GOEDEKE eine vorzügliche Hilfe.

185 BÜCHNER, GEORG. – SCHLICK, WERNER: Das Georg-Büchner-Schrifttum bis 1965. Hildesheim: Olms 1968.

186 BUSCH, WILHELM. – VANSELOW, ALBERT: Die Erstdrucke und Erstausgaben der Werke von Wilhelm Busch. Ein bibliographisches Verzeichnis. Leipzig: Weigel 1913.

187 DROSTE-HÜLSHOFF, ANNETTE VON. – HAVERBUSCH, ALOYS: Droste-Bibliographie. Tübingen: Niemeyer 1983–1984. (Dr.-H., Hist.-kritische Ausgabe. Bd. 14, 2.)

188 FONTANE, THEODOR. – SCHOBESS, JOACHIM: Literatur von und über Theodor Fontane. 2. verm. Aufl. Potsdam 1965. – Vgl. REUTER, HANS-HEINRICH: Fontane. 3. Aufl. Bd. 2. München: Nymphenburger Verlagshandl. 1970. S. 872–919; 984–1039.

189 GOTTHELF, JEREMIAS. – JUKER, BEE und GISELA MARTORELLI: Jeremias Gotthelf 1797–1854. Bibliographie 1830–1975. Gotthelfs Werk. – Literatur über Gotthelf. Bern 1983. (Kataloge der Berner Burgerbibliothek).

190 GRABBE, CHRISTIAN DIETRICH. – BERGMANN, ALFRED: Grabbe-Bibliographie. Amsterdam: Rodopi 1973. – RUDIN, NEIL HERBERT: Grabbe scholarship 1918–1970. An annotated bibliography. Diss. State Univ. of New York at Buffalo. 1974.

191 HEBBEL, FRIEDRICH. – WÜTSCHKE, HANS: Hebbel-Bibliographie. Ein Versuch. Berlin: Behr 1910. – GERLACH, ULRICH HENRY: Hebbel-Bibliographie 1910–1970. Heidelberg: Winter 1973.

192 HEINE, HEINRICH. – WILHELM, GOTTFRIED: Heine Bibliographie. Unter Mitarb. von EBERHARD GALLEY. Tl 1–2 nebst Erg. Bd. von SIEGFRIED SEIFERT. Weimar: Arion (bzw. Berlin: Aufbau-Verl.) 1960–1968. – Forts. 1954–1964. 1968. – Forts. 1965–1982. 1986.

193 HEYSE, PAUL. – MARTIN, WERNER: Paul Heyse. Eine Bibliographie seiner Werke. Mit einer Einf. von NORBERT MILLER. Hildesheim: Olms 1978. (Bibliographien zur dt. Literatur. 3.)

194 KELLER, GOTTFRIED. – ZIPPERMANN, CHARLES G.: Gottfried Keller. Bibliographie 1844–1934. Zürich 1935.

195 LENAU, NIKOLAUS. – HOCHHEIM, RAINER [u.a.]: Nikolaus Lenau. Deutschsprachige Personalbibliographie 1850–1981. Bern: Lang 1986.

196 NESTROY, JOHANN NEPOMUK. – CONRAD, GÜNTER: Johann Nepomuk Nestroy. 1801–1862. Bibliographie zur Nestroy-Forschung und -Rezeption. Berlin: Schmidt 1980.

197 RAABE, WILHELM. – MEYEN, FRITZ: Wilhelm Raabe Bibliographie. [2. Aufl.] Göttingen: Vandenhoeck 1973. – Period. Ergänzungen in: Jahrbuch der Raabe-Gesellsch. 1973 ff.

198 REUTER, FRITZ. – GÜNTHER, GEORG: Fritz-Reuter-Bibliographie. Überarb. von Walter Lehmbecker. Lübeck: Fritz Reuter-Gesellschaft 1971.

199 RÜCKERT, FRIEDRICH. – UHRIG, RAINER: Rückert-Bibliographie. Ein Verzeichnis des Rückert-Schrifttums von 1813–1977. Schweinfurt: Rückert-Gesellschaft 1979.

200 STIFTER, ADALBERT. – EISENMEIER, EDUARD: Adalbert Stifter Bibliographie. Linz: Oberösterreichischer Landesverl. 1964. – Forts. 1964–1970. 1971. – 2. Forts. 1978.

201 STORM, THEODOR. – TEITGE, HANS-ERICH: Theodor Storm Bibliographie. Berlin: Deutsche Staatsbibliothek 1967. – Period. Nachträge u. Forts. in: Schriften d. Theodor Storm-Gesellsch. 15 (1966) ff.

g) Literatur 1880–1945

Zu empfehlen ist eine bibliographische Recherche in der Bibliothek des Deutschen Literaturarchivs Marbach a.N. Für die Bio-Bibliographien der expressionistischen Autoren ist das Repertorium von PAUL RAABE (2. Aufl. 1991; Nr. 77) heranzuziehen.

202 BENN, GOTTFRIED. – LOHNER, EDGAR: Gottfried Benn Bibliographie 1912–1956. Wiesbaden: Limes 1958.

203 BRECHT, BERTOLT. – SEIDEL, GERHARD: Bibliographie Bertolt Brecht. Titelverzeichnis. Bd. 1: Deutschsprachige Veröffentlichungen aus den Jahren 1913–1972. Werke von Brecht, Sammlungen, Dramatik. Berlin und Weimar: Aufbau-Verl. 1975.

204 BRECHT, BERTOLT. – PETERSEN, KLAUS-DIETRICH: Bertolt Brecht-Bibliographie. Bad Homburg: Gehlen 1968.

205 DAUTHENDEY, MAX. – OSTHOFF, DANIEL: Max Dauthendey. Eine Bibliographie. Würzburg: Osthoff 1991.

206 DÖBLIN, ALFRED. – HUGUET, LOUIS: Alfred Döblin Bibliographie. Berlin: Aufbau-Verl. 1972.

207 GEORGE, STEFAN. – LANDMANN, GEORG PETER: Stefan George und sein Kreis. Eine Bibliographie. Hamburg: Hauswedell 1960; 2. Aufl. mit d. Hilfe von Gunhild Günther erg. u. nachgeführt. 1976.

208 GRAF, OSKAR MARIA. – PFANNER, HELMUT: Oskar Maria Graf. Eine kritische Bibliographie. Bern, München: Francke 1976.

209 HAUPTMANN, GERHART. – HOEFERT, SIGFRID: Internationale Bibliographie zum Werk Gerhart Hauptmanns. Bd. 1–2. Berlin: E. Schmidt 1986–1989.

210 HESSE, HERMANN. – MILECK, JOSEPH: Hermann Hesse. Biography and Bibliography. Vol. 1.2. Berkeley [usw.]: Univ. of California Pr. 1977.

211 HOFMANNSTHAL, HUGO VON. – WEBER, HORST: Hugo von Hofmannsthal-Bibliographie. Werke, Briefe... Berlin: de Gruyter 1972.

212 HOFMANNSTHAL, HUGO VON. – WEBER, HORST: Hugo von Hofmannsthal. Bibliographie des Schrifttums 1892–1963. Berlin: de Gruyter 1966.

213 HOFMANNSTHAL, HUGO VON. – KOCH, HANS ALBRECHT u. UTA

KOCH: Hugo von Hofmannsthal. Bibliographie 1964–1976. Freiburg i. Br.: Universität, Dt. Seminar 1976. (Hofmannsthal-Forschungen. IV.)

214 JAHNN, HANS HENNY. – MEYER, JOCHEN: Verzeichnis der Schriften von und über Hans Henny Jahnn. Neuwied: Luchterhand 1967.

215 KAFKA, FRANZ. – DIETZ, LUDWIG: Franz Kafka. Die Veröffentlichungen zu seinen Lebzeiten (1908–1924). Eine textkritische und kommentierte Bibliographie. Heidelberg: Stiehm 1982.

216 KAFKA, FRANZ. – CAPUTO-MAYR, MARIA LUISE und JULIUS M. HERZ: Franz Kafkas Werke. Bern: Francke 1982.

217 KAFKA, FRANZ. – CAPUTO-MAYR, MARIA LUISE und JULIUS M. HERZ: Franz Kafka. Eine kommentierte Bibliographie der Sekundärliteratur. Bern: Francke 1987.

218 KRAUS, KARL. – KERRY, OTTO: Karl-Kraus-Bibliographie. Mit einem Register der Aphorismen, Gedichte, Glossen u. Satiren. München: Kösel 1970.

219 MANN, HEINRICH. – ZENKER, EDITH: Heinrich Mann-Bibliographie. Werke. Berlin: Aufbau-Verl. 1967.

220 MANN, KLAUS. – Klaus-Mann-Schriftenreihe. Hrsg. FREDRIC KROLL. Bd. 1: Bibliographie. Mit einem Vorw. von Klaus Blahak, Fredric Kroll. Wiesbaden: Ed. Blahak 1976.

221 MANN, THOMAS. – BÜRGIN, HANS: Das Werk Thomas Manns. Eine Bibliographie unter Mitarb. von Walter A. Reichart und Erich Neumann. Frankfurt a. M.: S. Fischer 1959.

222 MANN, THOMAS. – MATTER, HARRY: Die Literatur über Thomas Mann: Eine Bibliographie 1898–1969. Bd. 1–2. Berlin: Aufbau-Verl. 1972.

223 MANN, THOMAS. – JONAS, KLAUS WERNER: Die Thomas-Mann-Literatur. Bibliographie der Kritik. Bd. 1–2. Berlin: Schmidt 1972–1979. – Bd. 1: 1896–1955; Bd. 2: 1956–1975.

224 MUSIL, ROBERT. – THÖMING, JÜRGEN: Robert-Musil-Bibliographie. Bad Homburg: Gehlen 1968.

225 RILKE, RAINER MARIA. – RITZER, WALTHER: Rainer Maria Rilke Bibliographie. Wien: Kerry 1951.

226 RILKE, RAINER MARIA. – Katalog der Rilke-Sammlung Richard von Mises. Bearb. und hrsg. von Paul Obermüller und Herbert Steiner unter Mitarb. von Ernst Zinn. Frankfurt a. M.: Insel-Verl. 1966.

227 SCHNITZLER, ARTHUR. – ALLEN, RICHARD: An annotated Arthur Schnitzler Bibliography. Editions and criticism 1879–1965. Chapel Hill: Univ. of North Carolina Press 1966. – Fortgef. von JEFFREY B. BERLIN: An annotated Schnitzler bibliography. 1965–1977. München: Fink 1978.

228 STERNHEIM, CARL. – BILLETTA, RUDOLF: Sternheim-Kompendium. Wiesbaden: Steiner 1975.

229 TOLLER, ERNST. – SPALEK, JOHN D.: Ernst Toller and his critics. A bibliography. Charlotteville: Univ. Press of Virginia 1968.

230 TRAKL, GEORG. – RITZER, WALTER: Neue Trakl-Bibliographie. Salzburg: Otto Müller 1983. (Trakl-Studien. Bd. 12.)
231 WIECHERT, ERNST. – REINER, GUIDO: Ernst-Wiechert-Bibliographie. Bd. 1–4. Paris 1972–1982.
232 ZUCKMAYER, CARL. – JACOBIUS, ARNOLD JOHN: Carl Zuckmayer. Eine Bibliographie 1917–1971. Frankfurt a.M.: Fischer 1971.
233 ZWEIG, ARNOLD. – ROST, MARITTA: Bibliographie Arnold Zweig. Berlin: Aufbau-Verlag 1987.
234 ZWEIG, STEFAN. – KLAWITTER, RANDOLPH J.: Stefan Zweig. An international bibliography. Riverside, Calif.: Ariadne Press 1991.

h) Literatur seit 1945

Vorweg wird auf das *Kritische Lexikon zur deutschsprachigen Gegenwartsliteratur* von HEINZ LUDWIG ARNOLD (1978 ff.; Nr. 83) verwiesen.

235 BACHMANN, INGEBORG. – BAREISS, OTTO u. FRAUKE OHLOFF: Ingeborg Bachmann. Eine Bibliographie. Mit einem Geleitwort von Heinrich Böll. München, Zürich: Piper 1978.
236 BOBROWSKI, JOHANNES. – GRÜTZMACHER, CURT: Das Werk von Johannes Bobrowski. Eine Bibliographie. München: Fink 1974.
237 BÖLL, HEINRICH. – MARTIN, WERNER: Heinrich Böll. Eine Bibliographie seiner Werke. Hildesheim: Olms 1975.
238 BÖLL, HEINRICH. – Heinrich Böll. Auswahlbibliographie zur Primär- und Sekundärliteratur. Hrsg. von GERHARD RADEMACHER. Bonn: Bouvier 1989.
239 CELAN, PAUL. – BOHRER, CHRISTIANE: Paul-Celan-Bibliographie. Bern: Lang 1989.
240 DÜRRENMATT, FRIEDRICH. – HANSEL, JOHANNES: Friedrich-Dürrenmatt-Bibliographie. Bad Homburg: Gehlen 1968.
241 GRASS, GÜNTER. – O'NEILL, PATRICK: Günter Grass. A bibliography 1955–1975. Toronto: Univ. of Toronto Press 1976.
242 HILDESHEIMER, WOLFGANG. – JEHLE, VOLKER: Wolfgang Hildesheimer. Eine Bibliographie. Bern: Lang 1984.
243 JOHNSON, UWE. – RIEDEL, NICOLAI: Uwe Johnson Bibliographie 1959–1980. Bd. 1–2. Bonn: Bouvier 1978–1981.
244 KASCHNITZ, MARIE LUISE. – LINPINSEL, ELSBET: Kaschnitz-Bibliographie. Düsseldorf: Claassen 1971.
245 KROLOW, KARL. – PAULUS, ROLF: Karl-Krolow-Bibliographie. Frankfurt a.M.: Athenäum 1972.
246 KUNERT, GÜNTER. – RIEDEL, NICOLAI: Internationale Günter-Kunert-Bibliographie. Bd. 1 ff. Hildesheim: Olms 1987 ff.
247 SCHMIDT, ARNO. – BOCK, HANS-MICHAEL: Bibliografie Arno Schmidt: 1948–1978. 2. verb. u. erg. Aufl. München: Edition Text und Kritik 1979. – Forts. von MICHAEL SCHARDT 1979–1985. 1990.
248 SCHMIDT, ARNO. – MÜTHER, KARL-HEINZ: Bibliographie Arno Schmidt 1949–1991. Bielefeld: Aisthesis-Verlag. 1992.

7. Bibliographien zur vergleichenden Literaturwissenschaft

249 Dyserinck, Hugo und Manfred S. Fischer: Internationale Bibliographie zu Geschichte und Theorie der Komparatistik. Stuttgart: Hiersemann 1985.

250 Betz, L.P.: La littérature comparée. Essai bibliographique. 2. Aufl. von Fernand Baldensperger. Straßburg: Trübner 1904. – 1. Aufl. 1900. – Repr. New York: Haskell House 1968; ebd. AMS Pr. 1969; ebd. Greenwood Pr. 1969.

251 Baldensperger, Fernand und W.P. Friederich: Bibliography of comparative literature. Chapel Hill 1950. (University of North Carolina Studies in comparative literature. 1) – 2. unveränd. Aufl. 1966. – Fortgef. 1951–1969 in: Yearbook of comparative and general literature. Vol. 1–18. Chapel Hill 1952–1970; ab 1970 in MLA. International Bibliography (Nr. 30).

252 Ward, Robert E.: A Bio-Bibliography of German American Writers. 1670–1970. New York: Kraus 1985.

253 Shultz, Arthur R.: German American relations and German culture in America. A subject bibliography 1941–1980. New York: Kraus 1984.

254 Index translationum. Répertoire international des traductions. International bibliography of translations. Paris 1932ff. – Neue Folge (für 1948ff.) Paris: Unesco 1950ff.

255 Gorzny, Willi: Gesamtverzeichnis der Übersetzungen deutschsprachiger Werke (GVÜ) 1954–1990. Bd. 1–12. München etc.: K.G. Saur 1992–1994.

256 Morgan, B.Q.: A critical bibliography of German literature in English translation. 1481–1927. Nebst Suppl. 1928–1935. 2. Aufl. Stanford (USA), London 1938.

257 O'Neill, Patrick: German literature in English translation. Toronto: Univ. of Toronto Press 1989.

258 Goodnight, Scott Holland: German literature in American Magazines prior to 1846. Madison (Wisconsin) 1907. (Bulletin of the University of Wisconsin. Nr. 188)

259 Bihl, Liselotte und Karl Epting: Bibliographie französischer Übersetzungen aus dem Deutschen. 1487–1944. Bd. 1–2. Tübingen: Niemeyer 1987.

260 Meyen, Fritz: Die norwegischen Übersetzungen deutscher Schönliteratur. 1814–1941. (Mit Nachtrag). Oslo: Stenersens Forlag 1942–1944. (Meyen, Norwegische Bibliographie. Bd. 1)

261 Müssener, Helmut: Deutschsprachige Belletristik in schwedischer Übersetzung 1870–1979. Bibliographie und Kommentar. Stockholm: Almquist & Wiksell 1985.

262 Wolf, Volker: Die Rezeption australischer Literatur in deutscher Sprache von 1845–1979. Tübingen: Niemeyer 1982.

263 Schloesser, Anselm: Die englische Literatur in Deutschland von 1895–1934. Mit einer vollständigen Bibliographie der deut-

schen Übersetzungen und der im deutschen Sprachgebiet erschienenen englischen Ausgaben. Jena: Frommann 1937.

264 PRICE, LAWRENCE MARSDEN: Die Aufnahme englischer Literatur in Deutschland 1500–1960. Bern: Francke 1961.

265 PRICE, MARY BELL and LAWRENCE MARSDEN PRICE: The Publication of English literature in Germany in the 18th century. Berkeley: Univ. of California Press 1934.

266 PRICE, MARY BELL and LAWRENCE MARSDEN PRICE: The Publication of English humaniora in Germany in the 18th century. Berkeley: Univ. of California Press 1955.

267 KUNZE, ERICH: Finnische Literatur in deutscher Übersetzung 1675–1975. Eine Bibliographie. Helsinki 1982.

268 FROMM, HANS: Bibliographie deutscher Übersetzungen aus dem Französischen. 1700–1948. Bd. 1–6. Baden-Baden: Verl. für Kunst und Wissenschaft 1950–1953.

269 Bibliographie der deutschen Übersetzungen aus dem Italienischen von den Anfängen bis zur Gegenwart. Hrsg. von FRANK-RUTGER HAUSMANN und VOLKER KAPP. Bd. 1ff. Tübingen: Niemeyer 1992ff. – Bd. 1, I–II. Von den Anfängen bis 1730. 1992.

270 MEYEN, FRITZ: Die deutschen Übersetzungen norwegischer Schönliteratur. 1730–1941. Oslo: Stenersens Forlag 1942. (MEYEN, Norwegische Bibliographie. Bd. 2)

271 QUANDT, REGINA: Schwedische Literatur in deutscher Übersetzung 1830–1980. Eine Bibliographie hrsg. von FRITZ PAUL und HEINZ HALBE. Bd. 1–7. Göttingen: Vandenhoeck & Ruprecht 1987–1988.

272 SIEBENMANN, GUSTAV und DONATELLA CASSETTI: Bibliographie der aus dem Spanischen, Portugiesischen und Katalanischen ins Deutsche übersetzten Literatur 1945–1983. Tübingen: Niemeyer 1985.

II. Allgemeine Bibliographien

1. Bibliographien der Bibliographien

273 PETZHOLDT, JULIUS: Bibliotheca bibliographica. Kritisches Verzeichnis der das Gesamtgebiet der Bibliographie betreffenden Literatur des In- und Auslandes in systematischer Ordnung bearb. Leipzig: Engelmann 1866. – Repr. 1961.

274 SCHNEIDER, GEORG: Handbuch der Bibliographie. 5. Aufl. Stuttgart: Hiersemann 1969. – 1. Aufl. 1923.

275 MALCLÈS, L.N.: Les sources du travail bibliographique. T. 1–3. Genf 1950–1958. – Repr. 1965.

276 BESTERMAN, THEODORE: A World bibliography of bibliographies and of bibliographical catalogues, calendars, abstracts, digests, indexes and the like. 4. ed. Vol. 1–5. Genf 1965–1966.

277 WINCHELL, CONSTANCE MABEL: Guide to reference books. 8. ed. [Bd. 1] und Suppl 1–3. Compiled by EUGENE P. SHEEHY. Chicago: ALA 1967–1972.

278 TOTOK, WILHELM, ROLF WEITZEL: Handbuch der bibliographischen Nachschlagewerke. 6. erw., völlig neubearb. Aufl. Hrsg. von HANS-JÜRGEN und DAGMAR KERNCHEN. Frankfurt a.M.: Klostermann 1984–1985.

2. Veröffentlichungen im Buchhandel

279 GEORGI, THEOPHIL: Allgemeines europäisches Bücherlexikon. Th. 1–5 (nebst) Suppl. 1–3. Leipzig 1742–1758. – Repr. 1966.

280 Gesamtverzeichnis des deutschsprachigen Schrifttums (GV) 1700–1910. Bearb. unter der Leitung von PETER GEILS und WILLI GORZNY. Bd. 1–160 [nebst] Nachtrag. München: K.G. Saur 1979–1987.

281 HEINSIUS, WILHELM: Allgemeines Bücher-Lexikon oder Vollständiges alphabetisches Verzeichnis aller von 1700–1892 erschienenen Bücher. Bd. 1–19. Leipzig: Heinsius 1812–1894. – Repr. 1962.

282 KAYSER, CHRISTIAN GOTTLOB: Vollständiges Bücher-Lexikon, enthaltend alle von 1750 bis 1910 in Deutschland und den angrenzenden Ländern gedruckten Bücher. Th. 1–36. Leipzig (wechselnde Verlage) 1834–1911. – Repr. 1961.

283 HINRICHS' Bücherkatalog. Bd. 1–13. Leipzig: Hinrichs 1856 bis 1913. – Berichtszeitraum: 1851–1912.

284 Gesamtverzeichnis des deutschsprachigen Schrifttums (GV) 1911–1965. Hrsg. von REINHARD OBERSCHELP. Bearb. unter der Leitung von WILLI GORZNY. Bd. 1–150. München: K.G. Saur 1976–1981.

285 Deutsche Bibliographie. Fünfjahresverzeichnis. Unter Mitwirkung der Österreichischen Nationalbibliothek in Wien für die österreichischen und der Schweizerischen Landesbibliothek in Bern für die schweizerischen Titel bearb. und hrsg. von der Deutschen Bibliothek Frankfurt a.M. T. 1–2. 1966–1970 bis 1981–1985. 84 Bde. Frankfurt a.M.: Buchhändler-Vereinigung 1975–1989.

286 Deutsche Nationalbibliographie und Bibliographie der im Ausland erschienenen deutschsprachigen Veröffentlichungen. Monographien und Periodika. Fünfjahresverzeichnis. Bearb. und Hrsg.: Die Deutsche Bibliothek. 1986–1990. Teil 1 ff. Frankfurt a.M.: Buchhändler-Vereinigung 1992 ff.

287 Deutsche Nationalbibliographie und Bibliographie der im Ausland erschienenen deutschsprachigen Veröffentlichungen. Monographien und Periodika. Halbjahresverzeichnis. 1991–1992. Frankfurt a.M.: Buchhändler-Vereinigung 1991–1993.

288 Deutsche Nationalbibliographie. Wöchentliches Verzeichnis. 1993 ff. Frankfurt a.M.: Buchhändler-Vereinigung 1993 ff.

289 Verzeichnis lieferbarer Bücher (VLB). German books in print.
Bücherverzeichnis im Autorenalphabet kumuliert mit Titel- und
Stichwortregister mit Verweisung auf den Autor. 23. Ausgabe.
7 Bde. München: K.G. Saur 1993. - Dazu: Schlagwortverzeichnis. 16. Ausgabe. 6 Bde. 1993.
290 The National Union Catalog Pre-1956 imprints. Vol. 1-685.
London: Mansell 1968-1981.
291 British Library. General Catalogue of printed books to 1955.
Vol. 1-263. London 1959-1966. - Fortsetzungen: 1956-1965.
Vol. 1-50. London 1968. - 1966-1970. Vol. 1-26. London
1971-1972. - 1971-1975. Vol. 1-13. London 1978-1979.
292 BORCHLING, CARL und BRUNO CLAUSSEN: Niederdeutsche Bibliographie. Gesamtverzeichnis der niederdeutschen Drucke bis
zum Jahr 1800. Bd. 1-2. Neumünster: Wachholtz 1931-1936. -
Bd. 3, Tl. 1. Nachträge, Ergänzungen und Verbesserungen.
1957.
293 HAYN, HUGO und ALFRED N. GOTENDORF: Bibliotheca Germanorum erotica et curiosa. Verzeichnis der gesamten deutschen
erotischen Literatur mit Einschluß der Übersetzungen nebst Beifügung der Originale. 3. Aufl. Bd. 1-8 und Ergänzungsbd. München: Georg Müller 1912-1929. - Repr. 1968.

3. Veröffentlichungen außerhalb des Buchhandels

294 Gesamtverzeichnis des deutschsprachigen Schrifttums außerhalb
des Buchhandels 1966-1980. Bd. 1-45. München: K.G. Saur
1988-1990.
295 Deutsche Bibliographie [ab 1991: Deutsche Nationalbibliogra-
phie]. Wöchentliches Verzeichnis. Amtsblatt der Deutschen Bibliothek. Reihe B: Erscheinungen außerhalb des Verlagsbuchhandels. Jg. 1981 ff. Frankfurt a.M.: Buchhändler-Vereinigung
1981 ff.
296 Jahresverzeichnis der deutschen Hochschulschriften. Jg. 1 ff.
Berlin (wechselnde Verlage) 1887 ff.
297 Gesamtverzeichnis deutschsprachiger Hochschulschriften 1966-
1980. Bd. 1-40. München: K.G. Saur 1984-1990.
298 Deutsche Bibliographie [ab 1991: Deutsche Nationalbibliogra-
phie]. Wöchentliches Verzeichnis. Amtsblatt der Deutschen Bibliothek. Reihe H: Hochschulschriften-Verzeichnis. Jg. 1991 ff.
Frankfurt a.M.: Buchhändler-Vereinigung 1991 ff.
299 Verzeichnis der im Entstehen begriffenen Dissertationen aus dem
Gebiete der deutschen Sprache und Literatur. (Red.: Georg Ban-
gen.) Liste 1-10. Berlin-Dahlem: Germanisches Seminar der
Freien Universität 1958-1969. - Fortgef. als »Verzeichnis der
germanistischen Dissertationsvorhaben. In: Jahrbuch für internationale Germanistik 2 ff. (1972 ff.).
300 Jahresverzeichnis der an den deutschen Schulanstalten erschienenen Abhandlungen. Bd. 1-28. Berlin: Asher 1890-1931.

301 RODENBERG, JULIUS: Deutsche Pressen. Eine Bibliographie. (Nebst) Nachtrag 1925–1930. Zürich, Wien, Leipzig: Amalthea-Verl. 1925–1931.
302 (RODENBERG, JULIUS:) Deutsche Bibliophilie in drei Jahrzehnten. Verzeichnis der Veröffentlichungen der deutschen bibliophilen Gesellschaften und der ihnen gewidmeten Gaben. 1898 bis 1930. Hrsg. von der Deutschen Bücherei. Leipzig: Gesellschaft der Freunde d. Deutschen Bücherei 1931.

4. Zeitschriften

303 DIESCH, CARL: Bibliographie der germanistischen Zeitschriften. Leipzig: Hiersemann 1927. (Bibliographical Publications. 1.) – Reprint 1970.
304 Bibliographie der Zeitschriften des deutschen Sprachgebietes bis 1900. Hrsg. von JOACHIM KIRCHNER. Bd. 1 ff. Stuttgart: Hiersemann 1969 ff. – Bd. 1. Von den Anfängen bis 1830. 1969. – 2. 1831–1870. 1977. – Bd. 3. 1871–1900. Bearb. von HANS JESSEN. 1977. – Bd. 4, I. Alphabetisches Titelregister. 1989.
305 Zeitschriften. Bibliographie der in Deutschland erscheinenden Veröffentlichungen sowie der deutschsprachigen Periodika Österreichs, der Schweiz und anderer Länder. Bd. 1–2. [Berichtszeit 1945–1952.] Frankfurt a.M.: Buchhändler-Vereinigung 1958–1967. – Forts. u.d.T.: Zeitschriften-Verzeichnis 1958–1970. Bd. 1–3. 1977–1980.

5. Zeitschriftenbeiträge, Zeitungsartikel, Rezensionen

306 Internationale Bibliographie der Zeitschriftenliteratur. Begr. von FELIX DIETRICH. Abt. A–C. Leipzig (seit 1946 Osnabrück): Dietrich 1897–1964.
  Abt. A. Bibliographie der deutschen Zeitschriftenliteratur mit Einschluß von Sammelwerken. Bd. 1–128. Leipzig 1897 bis 1964.
  Beilage zur Abt. A. Verzeichnis von Aufsätzen aus deutschen Zeitungen. 1908–1922, 1928–1931, 1944.
  Abt. B. Bibliographie der fremdsprachigen Zeitschriftenliteratur. Bd. 1–22. 1911–1921/25. NF. Bd. 1–51. 1925–1964.
  Abt. C. Bibliographie der Rezensionen und Referate. Bd. 1–77. 1900–1943.
  Abt. A und B weitergeführt seit 1965 u.d.T.: Internationale Bibliographie der Zeitschriftenliteratur aus allen Gebieten des Wissens. Hrsg. von OTTO ZELLER. Jg. 1 ff. 1965 ff.
  Abt. C seit 1971: Internationale Bibliographie der Rezensionen wissenschaftlicher Literatur (IBR). Hrsg. von OTTO ZELLER. Jg. 1 ff. 1971 ff.
307 Zeitungsindex. Verzeichnis wichtiger Aufsätze aus deutschspra-

chigen Zeitungen. Hrsg. von WILLI GORZNY. Jg. 1 ff. München. Saur 1974 ff.

6. Festschriften und Festschriftenbeiträge

308 HANNICH-BODE, INGRID: Germanistik in Festschriften von den Anfängen (1877) bis 1973. Verzeichnis germanistischer Festschriften und Bibliographie der darin abgedruckten germanistischen Beiträge. Stuttgart: Metzler 1976. (Repertorien zur deutschen Literaturgeschichte. Bd. 7.)

309 LEISTNER, OTTO: Internationale Bibliographie der Festschriften von den Anfängen bis 1979. Mit Sachregister. 2. erweiterte Aufl. Bd. 1–3. Osnabrück: Biblio-Verlag 1984–1989.

310 Internationale Jahresbibliographie der Festschriften. Hrsg. von OTTO und WOLFRAM ZELLER. Jg. 1: 1980 ff. Osnabrück: Felix Dietrich Verlag 1982 ff. – Zuletzt erschienen: Jg. 13. 1992.

7. Anonymen- und Pseudonymenlexika

311 HOLTZMANN, MICHAEL und HANNS BOHATTA: Deutsches Anonymen-Lexikon. Aus den Quellen bearb. Bd. 1–7. Weimar: Gesellschaft der Bibliophilen 1902–1928.

312 HOLTZMANN, MICHAEL und HANNS BOHATTA: Deutsches Pseudonymen-Lexikon. Wien: Akademischer Verlag 1906.

313 WELLER, EMIL: Lexicon pseudonymorum. Wörterbuch der Pseudonyme aller Zeiten und Völker. 2. Aufl. Regensburg: Coppenrath 1886.

III. Hilfsmittel literaturwissenschaftlicher Forschung

1. Repertorien literarischer Quellen

314 RAABE, PAUL und GEORG RUPPELT: Quellenrepertorium zur neueren deutschen Literaturgeschichte. 3. vollständig neubearb. Aufl. Stuttgart: Metzler 1981. (Sammlung Metzler. 74.)

315 Handbuch der Editionen. Deutschsprachige Schriftsteller. Ausgang des 15. Jahrhunderts bis zur Gegenwart. Bearb. von WALTRAUD HAGEN, INGE JENSEN, EDITH und HORST NAHLER. Berlin: Volk und Wissen 1979.

316 FRELS, WILHELM: Deutsche Dichterhandschriften von 1400 bis 1900. Gesamtkataloge der eigenhändigen Handschriften deutscher Dichter in den Bibliotheken und Archiven Deutschlands, Österreichs, der Schweiz und der ČSR. Leipzig: Hiersemann 1934.

317 BRANDIS, TILO: Die Nachlässe in den Bibliotheken der Bundesrepublik Deutschland. 2. Aufl. Boppard: Boldt 1981.

318 MOMMSEN, WOLFGANG A.: Die Nachlässe in den deutschen Archiven (mit Ergänzungen aus anderen Beständen). T. 1–2. Boppard: Boldt 1971–1983.

319 HAHN, KARL-HEINZ: Goethe- und Schiller-Archiv. Bestandsverzeichnis. Weimar: Arion 1961.

320 KUSSMAUL, INGRID: Die Nachlässe und Sammlungen des Deutschen Literaturarchivs Marbach am Neckar. Ein Verzeichnis. Marbach a. N.: Deutsche Schillergesellschaft 1983.

321 BEHRENS, JÜRGEN, BEATRIX HABERMANN und LEO PHILIPPSBORN: Freies Deutsches Hochstift. Frankfurter Goethe-Museum. Katalog der Handschriften. Tübingen: Niemeyer 1982.

2. Handbücher und Reallexika

322 Deutsche Philologie im Aufriß. Hrsg. unter Mitarb. zahlreicher Fachgelehrter von WOLFGANG STAMMLER. 2. Aufl. Bd. 1–3. Berlin: Erich Schmidt 1957–1962. – 1. Aufl. 3 Bde. 1952–1957. Register 1969.

323 Grundriß der germanischen Philologie. Hrsg. von HERMANN PAUL. 2. Aufl. Bd. 1–3. Straßburg: Trübner 1900–1909. – 3. Aufl. 1911 ff. in Form von Einzelmonographien. Berlin: de Gruyter 1911 ff.

324 Reallexikon der deutschen Literaturgeschichte. Begr. von PAUL MERKER und WOLFGANG STAMMLER. 2. Aufl. neu bearb. und unter red. Mitarb. von KLAUS KANZOG sowie Mitw. zahlreicher Fachgelehrter hrsg. von WERNER KOHLSCHMIDT und WOLFGANG MOHR. [später von KLAUS KANZOG und ACHIM MASSER]. Bd. 1–4. Berlin: de Gruyter 1958–1988. – 1. Aufl. 4 Bde. 1925–1931.

325 Sachwörterbuch der Deutschkunde. Unter Förderung durch die Deutsche Akademie hrsg. von WALTHER HOFSTAETTER und ULRICH PETERS. Bd. 1 und 2. Leipzig: Teubner 1930.

326 WILPERT, GERO VON: Sachwörterbuch der Literatur. 7. verb. und erw. Aufl. Stuttgart: Kröner 1989. (Kröners Taschenausgabe. Bd. 231). – 1. Aufl. 1955.

327 Metzler Literatur Lexikon. Hrsg. von GÜNTHER und IRMGARD SCHWEIKLE. 2. überarb. Aufl. Stuttgart: Metzler 1990.

<14> Literaturlexikon. Hrsg. von WALTHER KILLY. Bd. 13–14. Begriffe, Realien, Methoden. Hrsg. von VOLKER MEID. Gütersloh: Bertelsmann 1992–1993.

328 FRENZEL, ELISABETH: Stoffe der Weltliteratur. Ein Lexikon dichtungsgeschichtlicher Längsschnitte. 7. Aufl. Stuttgart: Kröner 1988. (Kröners Taschenausgabe. Bd. 300.)

329 FRENZEL, ELISABETH: Motive der Weltliteratur. Ein Lexikon dichtungsgeschichtlicher Längsschnitte. 3. Aufl. Stuttgart: Kröner 1988. (Kröners Taschenausgabe. Bd. 301.)

330 RINSUM, ANNEMARIE und WOLFGANG RINSUM: Lexikon literarischer Gestalten. Bd. 1–2 [Bd. 1: 2. Aufl.]. Stuttgart: Kröner 1990–1993.

331 Reallexikon der germanischen Altertumskunde. Hrsg. von JO-
HANNES HOOPS. Bd. 1–4. Straßburg: Vereinigung wissenschaftli-
cher Verleger 1911–1919. – 2. neu bearb. u. stark erw. Aufl. In
Zsarb. mit... hrsg. von HEINRICH BECK [u.a.] Bd. 1ff. Berlin: de
Gruyter 1973ff.

332 Handwörterbuch des deutschen Aberglaubens. Hrsg. von
HANNS BÄCHTOLD-STÄUBLI. Bd. 1–10. Berlin: de Gruyter 1927–
1942. (Handwörterbuch zur deutschen Volkskunde. Abt. 1)

333 Handwörterbuch des deutschen Märchens. Unter Mitw. von
JOHANNES BOLTE hrsg. von LUTZ MACKENSEN. Bd. 1 und 2. (Mehr
nicht erschienen.) Berlin: de Gruyter 1930–1940.

334 Enzyklopädie des Märchens. Handwörterbuch zur historischen
und vergleichenden Erzählforschung. Hrsg. von KURT RANKE
zusammen mit Hermann Bausinger [u.a.] Bd. 1ff. Berlin, New
York: de Gruyter 1977ff.

335 KOSCH, WILHELM: Deutsches Theater-Lexikon. Biographisches
und bibliographisches Handbuch. Bd. 1ff. Klagenfurt 1953ff. –
Bd. 1–3. A–Singer.

336 GRIMM, JAKOB und WILHELM GRIMM: Deutsches Wörterbuch.
Bd. 1–16 [nebst] Quellenverzeichnis. Leipzig: Hirzel 1854 bis
1971. – Neubearbeitung. Hrsg. von der Deutschen Akademie
der Wissenschaften zu Berlin in Zsarb. mit der Akademie der
Wissenschaften zu Göttingen. Bd. 1ff. Leipzig: Hirzel 1965ff.
[Erscheint in Lieferungen.]

3. Schriftstellerlexika

<12> KOSCH, WILHELM: Deutsches Literatur-Lexikon. 3. völlig neu-
bearb. Aufl. Bd. 1ff. Bern: Francke 1968ff.

<14> Literaturlexikon. Autoren und Werke deutscher Sprache.
Hrsg. von WALTHER KILLY. Bd. 1–12, 15. Gütersloh. Bertelsmann
1988–1993.

337 Kindlers Neues Literaturlexikon. Hrsg. von WALTER JENS. Chef-
red.: RUDOLF RADLER. Bd. 1–20. München: Kindler 1988–1992.
Bd. 1–17. A–Z; Bd. 18, 19: Anonyma. Kollektiva, Stoffe; Bd. 20.
Essays und Gesamtregister.

<16> Lexikon der Weltliteratur. Hrsg. von GERO VON WILPERT.
3. Aufl. Bd. 1–2. Stuttgart: Kröner 1988–1993.

338 Kleines literarisches Lexikon. Begr. von WOLFGANG KAYSER. 4.
neu bearb. und stark erw. Aufl. hrsg. von HORST RÜDIGER und
ERWIN KOPPEN. Bd. 1–3. Bern: Francke 1966–1973. – Bd. 1.
Autoren I. Von den Anfängen bis zum Ende des 19.Jh. 1969. –
Bd. 2a/b. Autoren II. 20.Jh. 1973. – Bd. 3. Sachbegriffe. 1966.

<15> WILPERT, GERO VON: Deutsches Dichterlexikon. 3. Aufl. Stutt-
gart: Kröner 1988.

339 Metzler Autoren-Lexikon. Deutschsprachige Dichter und
Schriftsteller vom Mittelalter bis zur Gegenwart. Hrsg. von
BERND LUTZ. Stuttgart: Metzler 1986.

340 GEISSLER, MAX: Führer durch die deutsche Literatur des 20. Jahrhunderts. Weimar: Duncker 1913.

4. Literaturgeschichten

341 KOBERSTEIN, AUGUST: Grundriß der Geschichte der deutschen Nationalliteratur. 5. umgearb. Aufl. von KARL BARTSCH. Bd. 1-5. Leipzig: Vogel 1872-1884.

342 GERVINUS, GEORG GOTTFRIED: Geschichte der poetischen National-Literatur der Deutschen. 5. Aufl. von KARL BARTSCH. Bd. 1-5. Leipzig: Engelmann 1871-1874.

343 SCHERER, WILHELM: Geschichte der deutschen Literatur. Berlin: Weidmann 1883. - In vielen Aufl. erschienen.

344 VOGT, FRIEDRICH und MAX KOCH: Geschichte der deutschen Literatur von den ältesten Zeiten bis zur Gegenwart. Bd. 1 und 2. Leipzig: Bibliographisches Institut 1897. - 5. Aufl. neu bearb. und erw. von WILLI KOCH. (Bd 3 von PAUL FECHTER). Bd. 1-3. Leipzig 1934-1938.

345 NADLER, JOSEF: Literaturgeschichte der deutschen Stämme und Landschaften. Bd. 1-3. Regensburg: Habbel 1912-1918. - 4. Aufl. u. d. T.: Literaturgeschichte des deutschen Volkes. Dichtung und Schrifttum der deutschen Stämme und Landschaften. Bd. 1-4. Berlin: Propyläen-Verl. 1938-1941.

346 FRICKE, GERHARD und MATHIAS SCHREIBER: Geschichte der deutschen Literatur. Neu bearb. Aufl. Paderborn: Schöningh 1988. [1.-14. Aufl. u. d. T.: Fricke, Gerhard und Volker Klotz: Geschichte der deutschen Dichtung. 14. Aufl. Hamburg, Lübeck: Matthiesen 1968.] - 1. Aufl. 1949.

347 MARTINI, FRITZ: Deutsche Literaturgeschichte von den Anfängen bis zur Gegenwart. 19. Aufl. Stuttgart: Kröner 1991. - 1. Aufl. 1949.

348 Deutsche Literaturgeschichte. Von den Anfängen bis zur Gegenwart. 4. Aufl. Stuttgart: Metzler 1992.

349 Geschichte der deutschen Literatur. Kontinuität und Veränderung. Vom Mittelalter bis zur Gegenwart. Hrsg. von EHRHARD BAHR. Bd. 1-3. Tübingen: Francke 1987-1988. (UTB. 1463-1465.)

350 ROBERTSON, J. G. und EDNA PURDIE: Geschichte der deutschen Literatur. Mit einem Beitrag von CLAUDE DAVID: Die zeitgenössische Literatur 1890-1945. Vorwort von Walther Killy. Göttingen: Vandenhoeck & Ruprecht 1968.

351 Geschichte der deutschen Literatur von den Anfängen bis zur Gegenwart. Hrsg. von HELMUT DE BOOR und RICHARD NEWALD. Bd. 1ff. München: Beck 1949ff. - Vgl. S. 59f.

352 Annalen der deutschen Literatur. Geschichte der deutschen Literatur von den Anfängen bis zur Gegenwart Hrsg. von HEINZ OTTO BURGER. Stuttgart: Metzler 1952. - 2. Aufl. 1971.

353 Geschichte der deutschen Literatur von den Anfängen bis zur

Gegenwart. Hrsg. von Klaus Gysi, Kurt Böttcher, Günter Albrecht, Paul Günter Krohn. Bd. 1–12. Berlin: Volk und Wissen 1960–1990.

354 Geschichte der deutschen Literatur von den Anfängen bis zur Gegenwart. Bd. 1 ff. Stuttgart: Reclam 1965 ff. – Es liegt vor: Bd. 1. Max Wehrli Geschichte der deutschen Literatur vom frühen Mittelalter bis zum Ende des 16. Jh. 1980. – Bd. 2. Werner Kohlschmidt Vom Barock bis zur Klassik. 1965. – Bd. 3. Werner Kohlschmidt Von der Romantik bis zum späten Goethe. 1974. – Bd. 4. Werner Kohlschmidt Geschichte der deutschen Literatur vom Jungen Deutschland bis zum Naturalismus. 1975. – Bd. 5. Herbert Lehnert Geschichte der deutschen Literatur vom Jugendstil zum Expressionismus. 1978.

355 Hansers Sozialgeschichte der deutschen Literatur vom 16. Jahrhundert bis zu Gegenwart. Hrsg. von Rolf Grimminger. Bd. 1 ff. München: Hanser 1980 ff. – Bisher erschienen: Bd. 3, 4, 10–12.

356 Deutsche Literatur. Eine Sozialgeschichte. Von den Anfängen bis zur Gegenwart. Hrsg. von Horst Albert Glaser. Bd. 1–10. Reinbek: Rowohlt Taschenbuch Verlag 1980–1991.

357 Epochen der deutschen Literatur. Geschichtliche Darstellungen. [2. Ausgabe] Bd. 1 ff. Stuttgart: Metzler 1947 ff. – Vgl. S. 61.

5. Tabellen- und Abbildungswerke

358 Halbach, Kurt Herbert: Vergleichende Zeittafel zur deutschen Literaturgeschichte. Stuttgart: Metzler 1952. (Annalen der deutschen Literatur. Ergänzungsheft 1.)

359 Spemann, Adolf: Vergleichende Zeittafel der Weltliteratur vom Mittelalter bis zur Neuzeit. Stuttgart: Spemann 1951.

360 Schmitt, Fritz: Deutsche Literaturgeschichte in Tabellen. Unter Mitarb. von Gerhard Fricke. T. 1–3. Bonn: Athenäum 1949 bis 1952. – Einbändige Ausgabe: Fritz Schmitt und Jörn Göres: Abriß der deutschen Literaturgeschichte in Tabellen. 5. Aufl. 1969.

361 Frenzel, Herbert A.: Daten deutscher Dichtung. Chronologischer Abriß der deutschen Literaturgeschichte von den Anfängen bis zur Gegenwart. Köln: Kiepenheuer & Witsch 1953. Taschenbuchausgabe. Bd. 1–2. München: dtv 1990.

362 Meid, Volker: Metzler Literatur Chronik. Werke deutschsprachiger Autoren. Stuttgart: Metzler 1993.

363 Könnecke, Gustav: Bilderatlas zur Geschichte der deutschen Nationalliteratur. 2. Aufl. Marburg: Elwert 1895.

364 Wilpert, Gero von: Deutsche Literatur in Bildern. 2. erw. Aufl. Stuttgart: Kröner 1965.

6. Titelbücher, Roman-, Dramen-, Zitatenlexika

<104> SCHNEIDER, MAX: Deutsches Titelbuch. 2. Aufl. Berlin: Haude & Spener 1927.

<105> AHNERT, HEINZ-JÖRG: Deutsches Titelbuch 2. Berlin: Haude & Spener 1966.

365 Der Romanführer. Begr. von WILHELM OLBRICH (Bd. 3 ff. hrsg. von JOHANNES BEER unter Mitw. von WILHELM OLBRICH und KARL WEITZEL. Fortgef. von ALFRED CLEMENS BAUMGÄRTNER). Bd. 1 ff. Stuttgart: Hiersemann 1950 ff. - Bd. 15 = Register. Zuletzt erschien: Bd. 26. 1992.

366 Der Schauspielführer. Begr. von JOSEPH GREGOR, fortgef. (Bd. 7 ff.) von MARGRET DIETRICH. Bd. 1-14. Stuttgart: Hiersemann 1953-1989.

367 SCHNEIDER, GEORG: Die Schlüsselliteratur. Bd. 1-3. Stuttgart: Hiersemann 1951-1953. - Bd. 2: Entschlüsselung deutscher Romane und Dramen.

368 BÜCHMANN, GEORG: Geflügelte Worte. Der Zitatenschatz des deutschen Volkes. Berlin: Haude & Spener 1864. - 39. Aufl. 1993.

369 ZOOZMANN, RICHARD: Zitatenschatz der Weltliteratur. Leipzig: Hesse und Becker 1910. - 12. Aufl. 1970.

370 PELTZER, KARL: Das treffende Zitat. Gedankengut aus drei Jahrtausenden. Nach Stichwörtern alphabetisch geordnet. Thun und München: Ott 1957. - 10. erw. u. überarb. Aufl. 1991.

371 LIPPERHEIDE, FRANZ FRHR. VON: Spruchwörterbuch. 6. Nachdr. Berlin: Dörner 1969. - 9. Aufl. Berlin: Haude & Spener 1982.

372 WANDER, KARL FRIEDRICH WILHELM: Deutsches Sprichwörterbuch. Ein Hausschatz für das deutsche Volk. Bd. 1-5. Leipzig: Brockhaus 1862-1880. - Nachdruck. Aalen 1963.

373 RÖHRICH, LUTZ: Lexikon der sprichwörtlichen Redensarten. Bd. 1-2. Freiburg i. B.: Herder 1973.

7. Zeitschriften

374 Zeitschrift für deutsches Altertum [ZfdA.] (Bd. 19 ff.: Zeitschrift für deutsches Altertum und deutsche Literatur). Begr. von MORIZ HAUPT. Bd. 1 ff. Leipzig (später Berlin): Weidmann 1841 ff. (ab Bd. 82. 1948/50. Wiesbaden: Steiner). - Seit 1986 hrsg. von FRANZ JOSEF WORSTBROCK. - 1876-1989 mit der Beilage: Anzeiger für deutsches Altertum.

375 Archiv für das Studium der neueren Sprachen und Literaturen [Archiv]. Begr. von LUDWIG HERRIG und HEINRICH VIEHOFF. Bd. 1 ff. Braunschweig: Westermann 1846 (-1978, ab Bd. 216, 1979: Berlin: Schmidt). - Seit 1982 hrsg. von KLAUS HEITMANN [u.a.].

376 Zeitschrift für deutsche Philologie [ZfdPh.]. Begr. von ERNST HOEPFNER und JULIUS ZACHER. Bd. 1 ff. Halle: Waisenhaus

(später Stuttgart: Kohlhammer; seit 1954 Berlin: Schmidt) 1869 ff. – Seit 1978 hrsg. von WERNER BESCH und HARTMUT STEINECKE.

377 Archiv für Litteraturgeschichte [AfLg.]. Hrsg. von RICHARD GOSCHE (Bd. 3 ff. von FRANZ SCHNORR VON CAROLSFELD). Bd. 1 bis 15. Leipzig: Teubner 1870–1887.

378 Beiträge zur Geschichte der deutschen Sprache und Literatur [PBB.] Begr. von HERMANN PAUL und WILHELM BRAUNE. Bd. 1–100. Halle: Niemeyer 1874–1979. – Seit 1955 unter dem gleichen Titel auch fortgef. im Verlag Niemeyer Tübingen, von HELMUT DE BOOR, INGEBORG SCHRÖBLER u. a. – Verzeichnisse u. Register zu den Bänden 1–100 von HEINRICH JELLISSEN. Tübingen: Niemeyer 1979.

379 Vierteljahrsschrift für Literaturgeschichte [VjsfLg.]. Unter Mitw. von ERICH SCHMIDT und BERNHARD SUPHAN hrsg. von BERNHARD SEUFFERT. Bd. 1–6. Weimar: Böhlau 1888–1893.

380 Euphorion [Euph.]. Zeitschrift für Literaturgeschichte. Begr. von AUGUST SAUER. Erneuert von HANS PYRITZ. Bd. 1 ff. Bamberg: Buchner (jetzt Heidelberg: Winter) 1894 ff. – Seit 1993 hrsg. von WOLFGANG ADAM.

381 Germanisch-Romanische Monatsschrift [GRM.]. Begr. von HEINRICH SCHRÖDER. Jg. 1 ff. Heidelberg: Winter 1909 ff. – Seit 1937 hrsg. von FRANZ ROLF SCHRÖDER, HEINZ OTTO BURGER, seit 1979 von CONRAD WIEDEMANN.

382 Deutsche Vierteljahrsschrift für Literaturwissenschaft und Geistesgeschichte [DVjs.]. Begr. u. hrsg. (bis 1955) von PAUL KLUCKHOHN und ERICH ROTHACKER. Jg. 1 ff. Halle: Niemeyer (seit 1949 Stuttgart: Metzler) 1923 ff. – Seit 1980 hrsg. von RICHARD BRINKMANN und WALTER HAUG.

383 Arbitrium. Zeitschrift für Rezensionen zur germanistischen Literaturwissenschaft. Hrsg. von WOLFGANG FRÜHWALD und WOLFGANG HARMS. Jg. 1 ff. Tübingen: Niemeyer 1983 ff.

384 Der Deutschunterricht. Begr. von ROBERT ULSHÖFER. Jg. 1 ff. Stuttgart: Klett 1947 ff. – Thematisch gegliederte Einzelhefte. – Gesamtregister für die Jahrgänge 1–25. 1947–1973. 1974.

385 Wirkendes Wort [WWort]. Deutsches Sprachschaffen in Lehre und Leben. Begr. von FELIX ARENDS und HENNIG BRINKMANN. Jg. 1 ff. Düsseldorf: Schwann 1950/51 ff.

386 Weimarer Beiträge. Zeitschrift für deutsche Literaturgeschichte. Begr. von LOUIS FÜRNBERG und HANS-GÜNTHER THALHEIM. Jg. 1–38. Weimar: Arion (seit 1964 Berlin: Aufbau-Verl.) 1955–1992.

387 Trivium. Schweizerische Vierteljahresschrift für Literaturwissenschaft und Stilkritik. Hrsg. von THEOPHIL SPOERRI und EMIL STAIGER. Jg. 1–9. Zürich: Atlantis 1942/43–1951.

388 Jahrbuch der Deutschen Schillergesellschaft [JbDSG.]. Begr. von FRITZ MARTINI, HERBERT STUBENRAUCH, BERNHARD ZELLER. Jg. 1 ff. Stuttgart: Kröner 1957 ff. – Seit 1988 hrsg. von WILFRIED

BARNER [u.a.]. – Gesamtregister für die Jahrgänge 1–20. 1957–1976. Bearb. von Jutta Salchow. 1977.

389 Literaturwissenschaftliches Jahrbuch. Im Auftrag der Görresgesellschaft hrsg. von HERMANN KUNISCH. N.F. 1 ff. Berlin: Duncker & Humblot 1960 ff.

390 Jahrbuch für internationale Germanistik. Hrsg. von HANS-GERT ROLOFF. Bd. 1 ff. Bern: Lang 1969 ff.

391 Goethe-Jahrbuch [GJb]. Hrsg. von LUDWIG GEIGER. Bd. 1–34. Frankfurt: Sauerländer 1880–1913. – Jahrbuch der Goethe-Gesellschaft [JbGGes.]. Hrsg. von HANS GERHARD GRÄF (Bd. 10 ff. von MAX HECKER). Bd. 1–21 (nebst) Registerbd. Weimar: Verl. der Goethe-Ges. 1914–1935. – Goethe. Vierteljahresschrift der Goethe-Gesellschaft. N.F. des Jahrbuchs. (Bd. 10 ff. Goethe. N.F. des Jahrbuchs). Hrsg. von HANS WAHL. Bd. 1–33. – Seit 1972 wieder u.d.T. Goethe Jahrbuch. Bd. 89 ff. der Gesamtfolge. Weimar: Verl. der Goethe-Ges. (später Böhlau) 1936 ff. – Seit 1950 hrsg. von ANDREAS B. WACHSMUTH, von 1972–1974 von HELMUT HOLTZHAUER, 1975–1989 von KARL-HEINZ HAHN, seit 1990 von WERNER KELLER.

392 Zeitschrift für Literaturwissenschaft und Linguistik. Hrsg. von HELMUT KREUZER. Jg. 1 ff. Göttingen: Vandenhoeck & Ruprecht 1971 ff. (Ab 1995 Stuttgart: Metzler)

393 IASL. Internationales Archiv für Sozialgeschichte der deutschen Literatur. Hrsg. von GEORG JÄGER [u.a.] Jg. 1 ff. Tübingen: Niemeyer 1976 ff (ab 1995 Stuttgart: Metzler).

394 Daphnis. Zeitschrift für Mittlere deutsche Literatur. Begr. von LEONARD FORSTER [u.a.]. Jg. 1 ff. Amsterdam: Rodopi 1972 ff.

395 Wolfenbütteler Barock-Nachrichten. Schriftl.: MARTIN BIRCHER. Jg. 1 ff. Wiesbaden: Harrassowitz 1974 ff.

396 PMLA. Publications of the Modern Language Association of America. Vol. 1 ff. Menasha (Wisconsin) 1884 ff.

397 The Journal of English and Germanic Philology [JEGPh.]. Vol. 1 ff. Urbana (Ill.) 1897 ff.

398 Monatshefte für deutschen Unterricht, deutsche Sprache und Literatur [Monatshefte.]. Vol. 1 ff. Madison (Wisconsin) 1899 ff.

399 The German Quarterly [GQ.]. Vol. 1 ff. Appleton (Wisconsin) 1928 ff.

400 The Germanic Review [GR.]. Devoted to studies dealing with the Germanic languages and literatures. Vol. 1 ff. New York: Columbia Univ. Press 1926 ff.

401 Seminar. A Journal of Germanic Studies. Vol. 1 ff. Toronto: Canadian Ass. of Univ. Teachers. 1965 ff.

402 The Modern Language Review [MLR.]. A quarterly journal. Vol. 1 ff. Cambridge: Univ. Press. 1905 ff.

403 German Life and Letters [GLL.]. A quarterly review. Vol. 1 ff. Oxford 1936/37 ff.

404 Neuphilologische Mitteilungen. Bd. 1 ff. Helsinki 1899 ff.

405 Edda. Nordisk Tidsskrift for Literaturforskning. Vol. 1 ff. Oslo 1900 ff.
406 Neophilologus. Vol. 1 ff. Groningen 1915 ff.
407 Studia neophilologica. Vol. 1 ff. Uppsala 1928 ff.
408 Niederdeutsche Mitteilungen. Bd. 1 ff. Lund 1945 ff.
409 Etudes Germaniques [EtGerm.]. Jg. 1 ff. Paris 1946 ff.
410 Rivista di letterature moderne e comparate. Vol. 1 ff. Florenz 1946 ff.

IV. Allgemeine Nachschlagewerke

1. Allgemeinenzyklopädien

411 (ZEDLER, HEINRICH:) Großes vollständiges Universal-Lexicon aller Wissenschaften und Künste. Bd. 1–64 (nebst) Suppl.-Bd. 1–4. Halle: Zedler 1732–1754. – Repr. 1961.
412 KRÜNITZ, JOHANN GEORG: Ökonomisch-technologische Enzyklopädie. Bd. 1–242. Berlin: Paul 1773–1858.
413 Allgemeine Enzyklopädie der Wissenschaften und Künste. Hrsg. von JOHANN SAMUEL ERSCH und JOHANN GEORG GRUBER. Sect. 1, Th. 1–99 (A–G), Sect. 2, Th. 1–43 (H–Ligatur), Sect. 3, Th. 1–25 (O–Phyxios). Leipzig: Brockhaus 1818–1889.
414 Brockhaus Enzyklopädie in 24 Bänden. 19. völlig neubearb. Aufl. Bd. 1 ff. Mannheim: Brockhaus 1986 ff. – Zuletzt erschienen: Bd. 21. Sr–Teo. 1993.
415 Meyers enzyklopädisches Lexikon in 25 [vielmehr] 32 Bänden. 9. völlig neubearb. Aufl. Bd. 1–32. Mannheim: Bibliographisches Institut 1971–1981. – Bd. 26. Nachträge; Bd. 27. Weltatlas; Bd. 28. Personenregister; Bd. 29. Bildwörterbuch Deusch–Englisch–Französisch. Bd. 30–32. Deutsches Wörterbuch A–Z.
416 Der große Herder, 5. Aufl. von Herders Konversationslexikon. Bd. 1–10. Freiburg i. Br.: Herder 1952–1956. – Atlas. 1958.
417 Schweizer Lexikon in 6 Bänden. Bd. 1 ff. Luzern: Verlag Schweizer Lexikon 1991 ff. – Zuletzt erschienen: Bd. 5. Obs-Soy. 1993.
418 The Encyclopaedia Britannica. 14. ed. Vol. 1–25. Chicago, London, Toronto 1929. – Spätere Nachdrucke.
419 Grand Larousse encyclopédique. T. 1–10. Paris 1960–1964. – Suppl. 1968.
420 La grande Encyclopédie. Vol. 1 ff. Paris: Larousse 1971 ff.
421 Enciclopedia italiana di scienze, lettere ed arti. Vol. 1–36 nebst Suppl. 1–4. Rom 1929–1949.
422 Grote Winkler Prins. Encyclopedie in 20 delen. 2. Opl. D. 1–20 [nebst] Suppl. Amsterdam: Elsevier 1970–1976.
423 Svensk Uppslagsbok. 2. Aufl. Bd. 1–32. Malmö 1947–1953.
424 Enciclopedia universal illustrada Europeo-americana. Bd. 1–70 nebst Suppl. 1–10. Barcelona 1905–1955.

425 Bolshaja sovetskaja enciklopedija. 2. Aufl. Bd. 1–50. Moskau 1949–1957. – 3. Ausg. Bd. 1 ff. 1970 ff.

2. Allgemeine biographische Nachschlagewerke

426 JÖCHER, CHRISTIAN GOTTLIEB: Allgemeines Gelehrten-Lexikon. Th. 1–4 [nebst] Fortsetzungen und Ergänzungen. Bd. 1–7. Leipzig: Weidmann 1750–1897.

427 Allgemeine Deutsche Biographie. Hrsg. durch die Historische Kommission bei der Bayerischen Akademie der Wissenschaften. Red. von ROCHUS FRHR. VON LILIENCRON und FRANZ XAVER VON WEGELE. Bd. 1–56. Leipzig: Duncker & Humblot 1875–1912.

428 Biographisches Jahrbuch und Deutscher Nekrolog. Hrsg. von ANTON BETTELHEIM. Bd. 1–18. Berlin: Reimer 1897–1917. – Nekrologe von 1896–1913.

429 Deutsches biographisches Jahrbuch. Hrsg. vom Verbande der deutschen Akademien. Bd. 1–5, 10–11. Stuttgart: Dt. Verlagsanstalt 1925–1932. – Umfaßt die Jahre 1914–1923, 1928 und 1929.

430 Neue Deutsche Biographie. Hrsg. von der Historischen Kommission bei der Bayerischen Akademie der Wissenschaften. Bd. 1 ff. Berlin: Duncker & Humblot 1953 ff. – Bisher Bd. 1–16: A–Melanchthon.

431 FRIEDRICHS, ELISABETH: Literarische Lokalgrößen 1700–1900. Verzeichnis der in regionalen Lexika und Sammelwerken aufgeführten Schriftsteller. Stuttgart: Metzler 1967. (Repertorien zur deutschen Literaturgeschichte. Bd. 3.)

432 Deutsches biographisches Archiv. Eine Kumulation aus 254 der wichtigsten biographischen Nachschlagewerke für den deutschen Bereich bis zum Ausgang des 19. Jahrhunderts. Mikrofiche-Edition. München: Saur 1982–1984. – Neue Folge: 1989–1993.

433 Deutscher biographischer Index. Bearb. von HANS-ALBRECHT KOCH, UTA KOCH und ANGELIKA KOLLER. Bd. 1–4. München: Saur 1986.

434 KÜRSCHNERS Deutscher Gelehrten-Kalender. Jg. 1 ff. Berlin: de Gruyter 1925 ff. – Zuletzt erschienen: 16. Ausg. Bd. 1–3. 1992.

3. Fachenzyklopädien

435 PAULY-WISSOWA: Real-Encyclopädie der classischen Alterthumswissenschaft. Neue Bearb. Stuttgart: Metzler (seit 1964 Drukkenmüller) 1893 ff. Bisher 68 Halbbde. und 15 Suppl. Bde.: A–Z. Sowie Nachträge. Register d. Nachtr. u. Suppl. 1980.

436 Ausführliches Lexikon der griechischen und römischen Mythologie. Hrsg. von WILHELM HEINRICH ROSCHER. Bd. 1–6 (nebst) Suppl. 1–4. Leipzig: Teubner 1884–1937.

437 Reallexikon für Antike und Christentum. Sachwörterbuch zur

Auseinandersetzung des Christentums mit der antiken Welt. Hrsg. von THEODOR KLAUSER, Bd. 1 ff. Stuttgart: Hiersemann 1950 ff. - Erschienen: Bd. 1-10 und weitere Lieferungen.

438 Die Religion in Geschichte und Gegenwart. Handwörterbuch für Theologie und Religionswissenschaft. 3. Aufl. hrsg. von K. GALLING. Bd. 1-6 und Registerbd. Tübingen: Mohr 1956-1965.

439 Lexikon für Theologie und Kirche. Begr. MICHAEL BUCHBERGER. 2. Aufl. hrsg. von J. HÖFER und K. RAHNER. Bd. 1-10 nebst Reg. u. 3 Erg. Bde. Freiburg i. Br.: Herder 1957-1969.

440 Enciclopedia cattolica. Vol. 1-12. Rom 1948-1954.

441 Theologische Realenzyklopädie. Hrsg. von GERHARD KRAUSE und GERHARD MÜLLER. Bd. 1 ff. Berlin: de Gruyter 1977 ff.

442 Encyclopaedia Judaica. Das Judentum in Geschichte und Gegenwart. Bd. 1-10. Berlin: Eschkol-Verl. 1928-1934. - Nur bis Lyra.

443 Encyclopaedia Judaica. Ed. in chief: Cecil Roth, Geoffrey Wigoder. Vol. 1-16. Jerusalem: Encyclopaedia Judaica 1971 bis 1972.

444 Große jüdische National-Biographie. Ein Nachschlagewerk für das jüdische Volk und dessen Freunde. Hrsg. von S. WININGER. Bd. 1-7. Cernauti 1925-1935.

445 Enzyklopädie des Islam. Geographisches, ethnographisches und biographisches Wörterbuch der muhammedanischen Völker. Hrsg. von M. T. HOUTSMA. Bd. 1-4 (nebst) Ergänzungsbd. Leiden: Brill 1908-1938.

446 UEBERWEG-HEINZE: Grundriß der Geschichte der Philosophie. 12. Aufl. Bd. 1-5. Berlin: Mittler 1923-1928. - Repr. Basel 1967.

447 TOTOK, WILHELM: Handbuch zur Geschichte der Philosophie. Bd. 1-6. Frankfurt a. M.: Klostermann 1963-1990.

448 Historisches Wörterbuch der Philosophie. Hrsg. von JOACHIM RITTER und KARLFRIED GRÜNDER. Bd. 1 ff. Basel: Schwabe 1971 ff.

449 EISLER, RUDOLPH: Wörterbuch der philosophischen Begriffe. Historisch quellenmäßig bearb. 4. Aufl. Bd. 1-3. Berlin: Mittler 1927-1930.

450 Allgemeines Lexikon der bildenden Künstler von der Antike bis zur Gegenwart. Hrsg. von ULRICH THIEME und FELIX BECKER. Bd. 1-37. Leipzig: Seemann 1907-1950.

451 VOLLMER, HANS: Allgemeines Lexikon der bildenden Künstler des 20. Jahrhunderts. Bd. 1-6. Leipzig: Seemann 1953-1962.

452 Allgemeines Künstlerlexikon. Die bildenden Künstler aller Zeiten und Völker. Bd. 1 ff. München: Saur 1992 ff.

453 Reallexikon zur deutschen Kunstgeschichte. Begr. von OTTO SCHMITT (fortgef. von ERNST GALL, LUDWIG HEINRICH HEYDENREICH, HANS MARTIN FRHR. VON ERFFA u. KARL-AUGUST WIRTH; seit Bd. 6 hrsg. vom Zentralinstitut für Kunstgeschichte Mün-

chen). Bd. 1 ff. Stuttgart: Metzler 1937 ff.: Druckenmüller 1948 ff.

454 Die Musik in Geschichte und Gegenwart. Allgemeine Enzyklopädie der Musik. Hrsg. von FRIEDRICH BLUME. Bd. 1–14 und Suppl. 1 ff. Kassel: Bärenreiter 1949–1968; 1973 ff.

455 EITNER, ROBERT: Biographisch-bibliographisches Quellen-Lexikon der Musiker und Musikgelehrten der christlichen Zeitrechnung bis zur Mitte des 19. Jahrhunderts. Bd. 1–10. Leipzig: Breitkopf & Härtel 1900–1904.

456 The New Grove Dictionary of music and musicians. Ed. by STANLEY SADIE. Vol. 1–20. London: Macmillan 1980.

457 Geschichtliche Grundbegriffe. Historisches Lexikon zur politisch-sozialen Sprache in Deutschland. Bd. 1 ff. Stuttgart: Klett 1972 ff.

458 RÖSSLER, HELLMUT und GÜNTHER FRANZ: Biographisches Wörterbuch zur deutschen Geschichte. München: Oldenbourg 1952. – 2. völlig neu bearb. Aufl. Bd. 1–3. München: Francke 1973 bis 1975.

459 RÖSSLER, HELLMUT und GÜNTHER FRANZ: Sachwörterbuch zur deutschen Geschichte. München: Oldenbourg 1958.

460 GEBHARDT, BRUNO: Handbuch der deutschen Geschichte. 9. neu bearb. Aufl. hrsg. von HERBERT GRUNDMANN. Bd. 1–4. Stuttgart: Union Deutsche Verl.Ges. 1970–1976.

461 Handwörterbuch zur deutschen Rechtsgeschichte. In 5 Bdn. Hrsg. von ADALBERT ERLER und EKKEHARD KAUFMANN. Bd. 1 ff. Berlin: E. Schmidt 1971 ff.

462 Lexikon des gesamten Buchwesens. 2. völlig neubearb. Aufl. Hrsg. von SEVERIN CORSTEN, GÜNTHER PFLUG und FRIEDRICH SCHMIDT-KÜNSEMÜLLER. 2. Aufl. Bd. 1 ff. Stuttgart: Hiersemann 1987 ff.

Stand: 15. 12. 1993

Anhang

Tabelle 1:
B I 1. Bibliographieren von Quellen (Buchveröffentlichungen)

	Mittelalter	1450–1600	17. Jh.	1700–1770	Goethezeit	1830–1880	1880–1945	seit 1945
I. Personalbibliographie	vgl. hier, S. 97ff. 34=Verfasser-Lexikon	8=Wilpert-G.	8=Wilpert-G.	; vgl. 131=Hansel, 130=Arnim 8=Wilpert-G.	8=Wilpert-G.	8=Wilpert-G.	8=Wilpert-G.	
II. Abgeschlossene Fach-bibliographien			41=Dünnhaupt 5=Goedeke	5=Goedeke	52=Schulte-Strathaus 5=Goedeke 54=Meusel	6 =(Goedeke)		
III. Schriftstellerlexika			426=Jöcher 12=Kosch 279=Georgi	426=Jöcher 12=Kosch 279=Georgi	12=Kosch	63=Brümmer 12=Kosch	70=Kürschner 63=Brümmer 69=Wiesner 12=Kosch	70=Kürschner 83=Arnold 69=Wiesner
IV. Allgemeine Bibliographien und Kataloge		Inkunabelkataloge 38=VD 16	43=Bircher/Bürger	280=GV alt	280=GV alt	280=GV alt	280,284=GV	295=Dt. Bibliographie etc.

124

Tabelle 2:
B I 2. Zeitschriftenbeiträge eines Autors

	1700–1770	1770–1830	1830–1880	1880–1945	seit 1945
I. Personalbibliographie	5=Goedeke	5=Goedeke	vgl. hier S. 97ff.; 131=Hansel; 130=Arnim		83=Arnold
II. Abgeschlossene Fachbibliographien		54=Meusel	6=(Goedeke)		
III. Schriftstellerlexika					
IV. Zeitschriften-Repertorien		50=Göttinger Index	61=Houben (Junges Dtschl.)	79=Raabe 1910–1925	
		58=Pissin, Houben (Romantik)		72=Das Lit. Echo 73=Die schöne Literatur	
V. Allgemeine Zeitschriftenbibliographien				306=Dietrich	306=Dietrich
VI. Bibliothekskataloge				Marbacher Zeitschriftenerschließung (unveröff.)	

Tabelle 3
B II 1 a. Periodische Bibliographien: Ältere deutsche Literatur

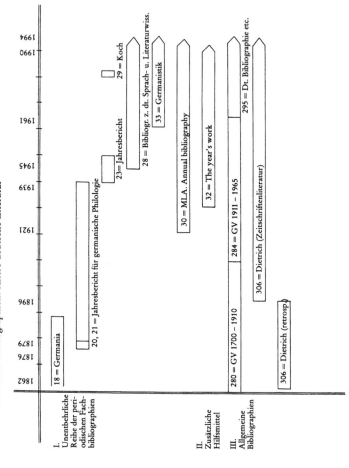

Tabelle 4
B II 1b. Periodische Bibliographien: Neuere deutsche Literatur

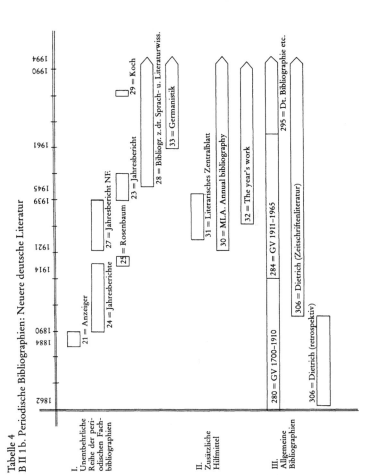

Tabelle 5
B II 2a. Bibliographieren von Sekundärliteratur (allgemeine Probleme)

Tabelle 6
B II 2b. Bibliographieren von Sekundärliteratur zum Mittelalter

Jahre: 1862 · 1874 · 1876 · 1879 · 1890 · 1896 · 1921 · 1935 · 1939 · 1945 · 1961 · 1990 · 1994

I. Abgeschlossene Fachbibliographien
34 = Verfasserlexikon 1978 ff.
34a = Ehrismann
5 = Goedeke Bd 1
9 = Körner
10 = Köttelwesch
11 = Internationale Bibliographie

II. Periodische Fachbibliographien
18 = Germania
20
21 = Jahresbericht f. germanische Philologie
23 = Jahresbericht
28 = Bibliogr. z. dt. Sprach-Literarwiss.
33 = Germanistik

III. Allgemeine Bibliographien
280 = GV 1700–1910
284 = GV 1911–1965
295 = Dt. Bibliographie etc.
306 = Dietrich (Zeitschriftenliteratur)

129

Tabelle 7
B II 2 c. Bibliographieren von Sekundärliteratur zum 16. Jahrhundert

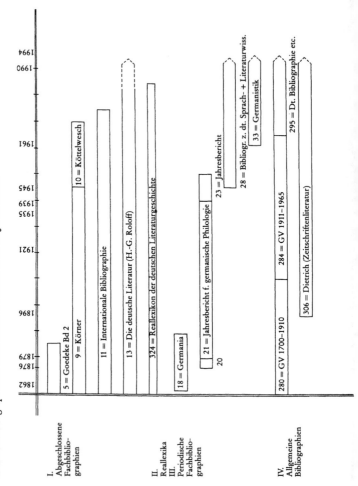

Tabelle 8
B II 2d. Bibliographieren von Sekundärliteratur zum 17. Jahrhundert

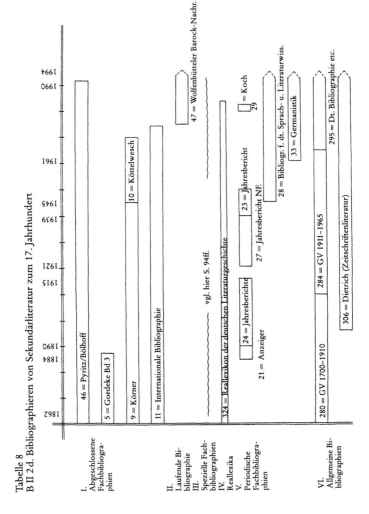

Tabelle 9
B II 2 e. Bibliographieren von Sekundärliteratur zum Zeitabschnitt 1700–1770

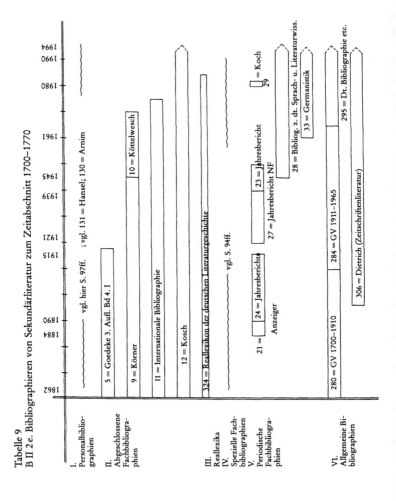

Tabelle 10
B II 2f. Bibliographieren von Sekundärliteratur zum Zeitabschnitt 1770–1832

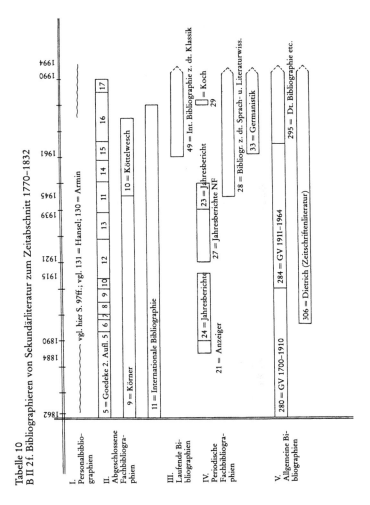

Tabelle 11
B II 2 g. Bibliographieren von Sekundärliteratur zum Zeitabschnitt 1830–1880

Zeitachse: 1890 1896 1915 1921 1939 1945 1961 1990 1994

I. Personalbibliographien — vgl. hier S. 97ff. ; vgl. 131 = Hansel; Nr. 130 = Arnim

II. Abgeschlossene Fachbibliographien
6 = Goedeke Neue Folge: in Vorbereitung
9 = Körner
10 = Köttelwesch
11 = Internationale Bibliographie
12 = Kosch

III. Laufende Bibliographie
24 = Jahresberichte
27 = Jahresbericht NF
23 = Jahresbericht
49 = Intern. Bibliographie der dt. Klassik 1750–1850

IV. Periodische Fachbibliographien
28 = Bibliogr. z. deutschen Sprach- u. Literaturwiss.
33 = Germanistik

V. Allgemeine Bibliographien
280 = GV 1700–1910   284 = GV 1911–1965
295 = Dt. Bibliographie etc.
306 = Dietrich (Zeitschriftenliteratur)

134

Tabelle 12
B II 2h. Bibliographien von Sekundärliteratur zum Zeitabschnitt 1880–1945

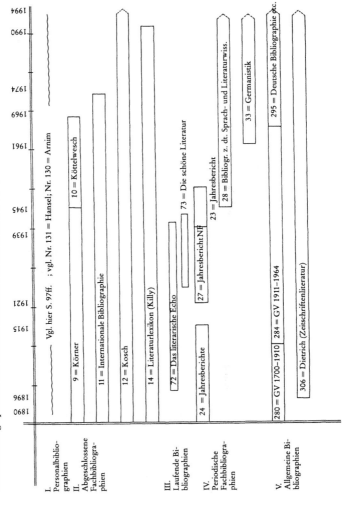

Tabelle 13
B II 2h. Bibliographieren von Sekundärliteratur zum Zeitabschnitt nach 1945

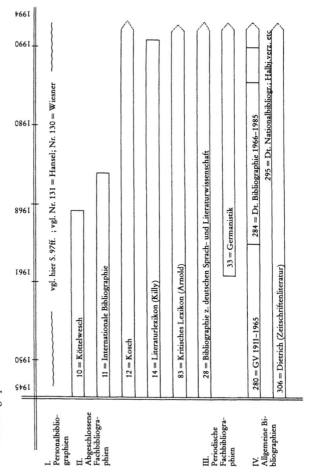

Tabelle 14
B IV. Ermittlung biographischer Angaben

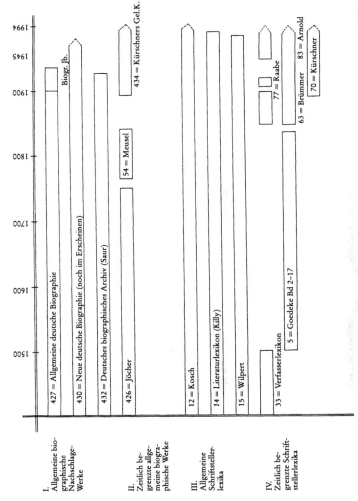

Namenregister

143

146

Printed in the United States
By Bookmasters